これからの時代の
お金に強い人、弱い人

サチン・チョードリー
Sachin Chowdhery

フォレスト出版

はじめに――人は変わることができる。だから、自分を信じる

20代でインドから日本にやってきたとき、何もかもがうまくいきませんでした。お金も人脈もコネもなく、カタコトの日本語しか話せないインド人には、仕事も暮らしも苦労の連続でした。

そんな私を大きく変えることになったきっかけは、たまたま一時帰国していたインドで、印僑大富豪に面会する機会に恵まれたことでした。このときに知った、マハラジャ時代から広く知られている考え方が、私の人生を変えていったのです。

２０１４年9月、このときと同じくらい、大きな転機となる出会いがありました。

世界三大投資家の一人と言われる、**ジム・ロジャーズさんとの出会い**です。30代で巨万の富を得て、バイクや車で世界一周を二度もしている、世界に知られる伝説の投資家です。

いつかお会いしてみたいとずっと思っていたのですが、私はその思いを行動に変えてみることにしました。そして本当に、ジム・ロジャーズさんと会うことができたのです。しかも、インタビューするだけでなく、仕事までご一緒することになりました。以後、何度もジム・ロジャーズさんと話をしていく中で、私はさまざまなインスピレーションを得ることになりました。

これまでに私は何冊も本を出していますが、ジムさんにお会いして以来、「これこそ、ぜひ日本の人々に知ってもらうべきことなのではないか」という思いがじわじわと沸き上がってきたのです。

こうして生まれたのが、本書です。

お金に強くなりたい人のための1冊です。

私は幼少の一時期、父親の仕事の関係で日本に住んでいました。当時の日本はバブル期で、それはもう華やかできらびやかでした。

この印象が忘れられず、インドの大学を卒業して、1996年に23歳で日本にやってきました。日本での成功を夢見ていました。

しかし、現実は厳しいものでした。まず仕事が見つからないのです。ようやく見つかったのは、「飛び込み営業」の仕事でした。言葉の壁や日本的なやり方についていけず、枕を涙で濡らす日々が続きました。インドに逃げ帰ろうと思ったことも一度や二度ではありません。

そんな中でインドの大富豪に教わったのが、マハラジャ時代から広く知られている考え方**「ジュガール」**でした。

「大富豪のせっかくのアドバイスなのだから、とにかくしゃにむにやってみよう」と思いました。すると、営業成績が4カ月連続で全国でトップになるなど、人生が大きく反転していったのです。

その後、私は独立して会社をつくり、いろいろな事業を手掛けました。会社を譲渡し、かつて役員に名を連ねていた会社は株式を上場させることになりました。母国インドでも事業を成功に導くことができ、実業家として名を知られるようになったのです。

やがて大企業の異文化経営、異文化戦略を指導する役割も求められるようになり、**時給70万円の高額の報酬を得る国際コンサルタント**として話題になり、テレビに出演したりもしました。

そして10年ほど前から本格的に始めたのが、資産の運用です。当時、インドで1000万円ほどで買った不動産は、今、1億2000万円ほどの価値になっています。いろいろなところに不動産投資をしています。

また、5、6年ほど前から始めたのが、株式投資です。平均すると、年40％の利益を出し、投資額は大きく膨らんでいます。

このように現在は順風満帆ですが、まず私が知ってほしいのは、「昔はひどい状態にあった」ということです。なにもかもうまくいかなくて、夢も希望も持てなかった。お金持ちになれるなんて、想像もつかなかった。

しかも、何のアクションも起こせませんでした。面倒だったし、やる気も起きなかった。「そんなことをしたって意味がない」と思っていました。同僚たちと飲みに行って愚痴《ぐち》をこぼし、先の見えない人生に嘆いてばかりいました。

今、振り返って思うのは、**「人間は元来、怠け者なのだ」**ということです。弱くて当たり前なのです。かつての私もそうでした。

しかし、1つだけ、これは間違いないと思えることがあります。

それは、**「人は変われる」**ということです。

実際に、私自身も変わったし、私の周囲にもまるで人が変わってしまったかのようにうまくいき始めた人がたくさんいるのです。

投資を本格的にスタートさせてから、「私のノウハウを多くの人に知ってもらえたら」と投資アカデミーの事業をスタートさせたのは、4年前のことです。ここで私は1000人以上の方へのコンサルティングを実施することになります。

そこでわかったのが、**「お金に強くなれた人」と「お金に弱いままの人」の差**でした。

私のアカデミーの扉を叩いて、お金に強くなれた人、短い期間で着実に投資に成功している人、目標となるミリオネアに向かって確実な一歩を踏み出せた人たちは、何が違ったのか？

ジム・ロジャーズさんとの出会いによって思うようになったのは、「その差を明らかにすることこそ、私の役割なのではないか」ということでした。

本書では、**「お金に強くなれた人」と「お金の弱いままの人」の21の違い**をご紹介していきます。

最初にお伝えしておきたいのは、**「いきなり全部、変えようとしなくていい」**ということです。

一度にすべて変えようとするから、人はつらくなるのです。

少しずつ、少しずつ、変えていけばいい。そこで、少しでも変えやすいところから取り組めるよう、本書は4つのステップで構成しました。

第1章「マインド」を変える
第2章「習慣」を変える
第3章「学び」を変える
第4章「行動」を変える

何より大事なことは、自分の中に入り込んでいる呪縛《じゅばく》を取り払うことです。

それは、私自身が日本にやってきたとき、ずっと持っていたものでもありました。

きっとこうに違いない。世の中はこんなものだ。そんなにうまくいくはずがない……。

そして、ウソに惑わされないことです。

日本では、たくさんのウソが、まるで本当のように信じ込まされています。そのことに気づく必要があります。

では、どうして私は呪縛から逃れられ、ウソに惑わされなくなったのか？

それは、自分を信じることができたからです。

なぜなら、インドの大富豪がこんな言葉を私にくれたからです。

「サチン、君はきっとうまくいく。ちょっとだけ変わることができればね」

私はこの言葉を信じました。この言葉を大切にしようと思いました。

だから、この本を買ってくださった読者のみなさんに、私もこの言葉を贈ります。

「みなさんはきっとうまくいきます。少しだけ変わることができれば」

これからの時代のお金に強い人、弱い人◎CONTENTS

装幀◎河南祐介（FANTAGRAPH）
本文＆図版デザイン◎二神さやか
編集協力◎上阪　徹
ＤＴＰ◎株式会社キャップス

第1章

「マインド」を変える

――「貯まらない」が変わる

Keyword

1 情熱を持つ

お金に強い人は、本気で貯めたいと思っている
お金に弱い人は、なんとなく貯まったらと思っている

成功者に共通していたこと

私は講演やセミナーを行なうことも多いのですが、冒頭で必ず発信しているメッセージがあります。

それは、「情熱を、パッションを持って聞いてほしい」ということです。

人生が少しずつ変わっていた頃、私が心掛けるようになったのが、成功者の話を聞きに行くことでした。

お金持ちになった人、ビジネスに成功した人、幸せそうな人……。

そうした人たちに、間違いなく共通していたことがあります。

それは、**「情熱を、パッションを持って生きている」**ということでした。

元気で、明るくて、その時々に集中して、本気で楽しんで、自分から進んで物事に向かう。

私が教わったのは、パワーをしっかり持って生きていくことの大切さでした。「こうしたい」「こうするぞ」「これをやってみよう」「おもしろがってやろう」……。

そんなふうに、ほんのちょっと生きていく姿勢を変えていくだけで、驚くべきことが起きました。

いろんなことが楽しくなっていったのです。いろんなことがうまくいくようになり、まわりに人が集まってくるようになったのです。

情熱を、パッションを持って生きている人のまわりには、人も、そしてお金も集まってくることに気づいたのです。

お金に強くなれそうかどうかは、数分でわかる

私が行なっている投資アカデミーでは、説明会を行なうこともあるのですが、実は説明会の段階で、この人はお金に強くなれそうか、残念ながらお金に弱いままで人生を終えてしまいそうか、なんとなくわかります。

その違いは、「情熱、パッションがあるかないか」です。

情熱、パッションがある人は、真剣に前を向いて、私の話を聞いています。**目をキラキラさせて、時にはメモを取り、時にはうなずいている**。

端的にいえば、「お金持ちになりたい」「資産づくりで成功したい」「成功者になりたい」と心から思っている。本気でそうなりたいと願っているのです。

一方で、なんとも元気のない人がいます。ぼんやりと私のほうを見つめていたりする。笑顔も出ない。うなずきもしない。ウトウトしたりもする。

仕事が忙しいのかもしれません。会社が大変なのかもしれません。しかし、それでは本気で「お金持ちになりたい」「成功したい」と考えているとは、とても思えないのです。本気になっているとは、感じられないのです。

本気とは何か？

成功している人たちは、一瞬一瞬を大切にしています。その時々を、とても大事にする。だから、毎日が充実します。

それは、情熱、パッションがあるからです。あらゆることに情熱を持って生きている。情熱を持って行動していく。同じようにお金にも情熱を持っています。だからこそ、お金持ちになることができたのです。

お金に情熱を持っていないのに、お金持ちになっている人を私は知りません。もしかしたらいるのかもしれませんが、私は出会ったことがありません。

ジム・ロジャーズさんもそうですが、「成功の秘訣は何ですか？」と成功者に聞くと、決まって返ってくるのは、「情熱、パッション」なのです。

その意味で、お金に強くなれた人とお金に弱いままの人の何よりの違いに、改めて私は気づくことになります。

それは、「お金に対して、本気で情熱を持っているかどうか」ということです。

お金に強くなれた人は、**本気で貯めたいと思っている**。情熱を持って、パッションを持って、お金持ちになりたい、資産をつくりたいと思っている。

一方で、お金に弱いままの人は、「なんとなく貯まったら」と思っている。可能なら貯めたい。できることなら貯まるといいな……。つまり、情熱、パッションがないのです。

本気で思っている人となんとなく思っている人と、願うことの実現性が高いのはどちらでしょうか。言うまでもなく、本気で思っている人でしょう。

では、本気で思えるようになるためにはどうすればいいのでしょうか？

他人に未来を委ねてはいけない

これまで、たくさんの人が私のアカデミーに参加しました。お金に強くなれた人がたくさんいました。一方で、残念ながらお金に弱いままの人もいました。

それは、1つの対比で表すことができると感じました。

お金に強い人は、お金を増やすことを考える
お金に弱い人は、お金が増えることを考える

お金を「増やす」ことを考える強い人と、お金が「増える」ことを考える弱い人。

もう、おわかりかもしれません。お金に強くなれる人は、**「自分から動こうとする人」**なのです。

それに対して、お金に弱いままの人は、誰かが、あるいは何かがお金を増やしてくれることを期待している。要するに、人に委ねてしまっているのです。もっといえば、運任せ。「もしかしてうまくいったらいいなぁ」と考えている。

これでは、情熱、パッションを持つことは難しいでしょう。人頼み、神頼みなのですから。

「誰か、頑張って」という他人任せに熱くなれる人は、そうそういません。逆にいえば、だから情熱、パッションが持てないのです。

一方で、「自分でやってみよう」と考えてみたらどうか。「自分で増やしてみよう」と一歩踏み出せたとしたらどうか。

これは、自分次第なのです。となれば、一生懸命になれる。情熱も持てるし、パッションも強くなる。

人生は自分のものです。自分で生きていかなければいけません。**他人に委ねることは、運命をも他人に委ねてしまうこと。**未来を他人に売り渡してしまっているということです。

自分の人生、運転士として生きるか？乗客として生きるか？

「人任せにするのではなく、自分でやっていくんだ」と気づくだけで人生は変わる、私はそう思っています。

実際、自分のやりたいことや自分の夢に向けて楽しくやり始めると、変わってくるものがあります。

それは、**「結果」**です。

本当です。イヤイヤやっていたところで、いい結果は生まれません。なんとなくやっていても、結果は出ません。誰かに委ねていては、自分でコントロールできません。

それは、もうおわかりだと思うのです。

待っているのではなく、自分から情熱を持って、楽しんで動くことが大切なのです。

このメッセージを伝えるために、アカデミーではこんな話をします。

「電車の乗客として生きたいですか。電車の運転士として生きたいですか」

乗客になってしまったら、誰かに連れて行かれてしまうだけです。しかも、どこに連れて行かれるか、わからない。どこに停車をするのか、何キロで走るのか、何人乗せるのかも決められない。

だから、思ってもみないところに連れて行かれてしまったりする。

「こんなはずじゃなかった」ということが起きる。「もっとこうしたかったのに」と後悔したりする。

そんな人生は、みなさんも嫌でしょう。

一方で、運転士として生きると決めたら、どうなるか。自分で決められるのです。**行き先も、心地よいスピードも、どこに停車していくのか、何分止まるのか、誰を乗せるのかも、自分で決められる**のです。

どちらの人生が楽しそうでしょうか？

行きたいところに行ける確率は、果たしてどちらが高いでしょうか？

どちらが、充実した人生を送ることができるでしょうか？

そして、とりわけお金に関しては、運転士として生きるか、乗客として生きるかが、ここで大きく変わってくると私は思っています。

お金に強い人は、自分をどこかで信じている
お金に弱い人は、自分をどこかで信じていない

「お金持ちになる」も自分が決める

運転士として生きている人は、自分の足で生きている人です。自分で考えて行動します。自分で選んで前に進んでいきます。情熱、パッションを持っています。だから、自信が持てるようになります。自分を信じることができるようになるのです。

一方で、乗客として生きている人は、自分が他人任せで生きていることに気づいています。だから、地に足がついていない。つけようがないのです。なぜなら、自分で選んでいないから。自分で考えていないからです。いつも、なんとなく行動しているからです。

これでは、自信が持てるはずがありません。自分を信じることもできません。なんとなくうまくいっているので、自信はあるかもしれない。

しかし、どこかで信じていない。それは、いい結果を生み出せないでしょう。

まずは、「人生の運転士になる」と意識することです。「他人任せにしない。自分で選び、自分で決めて生きていく」と心で誓うことです。

すぐには難しいかもしれません。不安も残るかもしれません。でも、自分で生きるほうが、誰かに任せたり、なんとなく生きるよりも、はるかに毎日が充実する。

このことをぜひ知っておいてほしいのです。

そして、そういう生き方をしている人には、情熱、パッションが湧いてきます。なぜなら、**自分で選べて、決められるのですから。お金持ちになるか、ならないかも、です。**

本気で「お金持ちになる」と思うこと。その情熱を持つこと。そのためにも、人生の「運転士」を意識すること。少しずつでもＯＫです。それをイメージしてみてください。

Action

人生の「運転士」になる。

Keyword

2

お金を信じる

お金に強い人は、お金を心から信じている
お金に弱い人は、お金をどこかで疑っている

あなたは、自分を疑っている人に近づきたい？

投資アカデミーで１０００人以上の人たちに会って話を聞いて、お金に強くなれた人と、お金に弱いままの人の違いがどこにあったのか。２つ目は、「お金を心から信

じているかどうか」です。

何を言っているのかと思われるかもしれません。みんなお金持ちになりたいのだから、お金を信じているに決まっているじゃないか、と。

しかし、そこにこそ大きな落とし穴があると、私は日本で強く感じました。実は**お金を信じているように見えて、心の底ではどこかでお金を疑っている**。そういう人が、日本では実は少なくないのです。

心から信じてくれている相手とどこか疑われている相手、あなたはどちらに近づきたいですか？

当然、心から信じてくれている相手でしょう。お金も同じです。お金を心から信じてくれている人のところに行きたいと考えている。

なのに、日本にはどこかで疑っている人が多いのです。お金を心から信じていない。そういう人のところに、お金は行きたいと思うかどうか。

お金に来てもらいたいと思ったら、お金を心から信じることです。どこかで疑っている心を取り払うことです。

だって、疑うことなど何もないのだから。それなのに疑ってしまうのは、幼い頃から植え付けられた呪縛があるからです。

「お金は良くないもの」という呪縛

大人になって日本にやってきて、この呪縛は驚いたことでもありました。

もちろん、「お金がいかに大切か」については、世界共通で語られていることであり、子どもの頃から教えられることです。

ところが**日本では、「お金は良くないもの」「お金は悪いもの」という教えが、一方で堂々と行なわれていた**のです。

「誰が触ったかわからない。お金を触ったら、必ず手をきれいに洗いなさい」

「ほら、テレビを見て。またお金持ちが逮捕された。お金がありすぎるとロクな人間にならないものよ」

「あの家はまた車を買い換えた。あんなにお金持ちになっているなんて、きっと何かずるいことをやっているに違いない」

「あの人は、いつも『お金、お金』って、お金のことばかり話して、欲が深い」

「こんな言葉を子どもの頃に大人から聞かされた」という人も少なくないのではないでしょうか。そして、これが知らず知らずのうちに、心の中に刷り込まれてしまっているのです。

だから、お金のことが心から信じられない。お金を儲けたり、お金を増やしたり、お金について考えることがいいことだと心の底からは思っていない。

本当はお金も欲しいし、儲けたいし、お金についても考えたいのに、**幼い頃からの呪縛によって、自分で大きな壁をつくってしまっている**のです。

そしてこれが、お金が近づいてくるのをブロックしてしまっているのです。

「あんなお金持ちを目指しなさい」という教え

一方で、心を打たれたのは、「もったいない」という気持ちを持つことや、清貧であることを美徳とする日本ならではの文化です。

これはすばらしいと思いました。

ならば、日本的な「節約」の概念と、インドをはじめ世界の人たちが持っているお金に対する正しい考え方を組み合わせれば、日本人にはもっともっとお金が近づいてくると思うのです。

日本人は、本当に惜しい。それこそ、もったいないのです。

ちなみにインドでは、子どもたちは小さな頃からお金の大事さを教えられます。そして、お母さんたちは、小さな子どもにこんなふうに言い聞かせます。

「ほら、あのお金持ちを見なさい。あの人は投資をして財を成したのよ。すごいわね」

「あの人は、日本でビジネスをして成功したの。お前もあんなふうになりなさい」

日本では、「お金＝良くないもの」という空気が強いからでしょう、家庭でお金の話をすることは、ほとんどないと聞きます。お金に対する教育もない。

しかし、インドは違います。開けっぴろげに、思っていることを話したりもします。

「隣の家はスズキの車を買ったみたいだね。よしっ！　じゃあ、うちはもっとお金を儲けて、トヨタを買おう！」

日常生活の中でも、しばしばお金の話になります。

家族のだんらんで子どもたちが楽しむのは、モノポリーや億万長者ゲーム。

こんな家庭に育つわけですから、インドの子どもたちは「将来はお金をたくさん稼ごう」と考えます。

だから、世界中でインド人の大富豪が生まれているのです。

なぜ日本では「投資」割合が低いのか?

もちろん、人生はお金がすべてではありません。「お金さえあれば、うまくいく」とも限りません。そんなことを語るつもりはないのですが、一方で、**お金の大切さは認めなければいけない**でしょう。また、お金を求めている人も、お金持ちになりたい人もたくさんいる。

だからこそ、知らず知らずのうちに植え付けられたお金に対する悪いイメージを捨て去ってほしいのです。

それが、お金を手に入れること、お金を増やしていくことを邪魔しているのです。

これは、数字にも現れています。

「少しでもうまく運用することで、お金を増やしていこう。投資していこう」という人が、日本には極めて少ないのです。

【総資産に占める投資の割合】
◎アメリカ………52％
◎ヨーロッパ……29・3％
◎日本…………15・1％

お金を増やそうとして投資のリターンを得るには、リスクもつきまといますから、リスクへの抵抗感というのも、もちろんあるのだと思います。しかし、それにしても**「お金を増やそう」という意識が、日本人には低すぎる**と思うのです。

もっともっとお金をふやす意識を持てば、今の日本人のお金はもっともっと増えるはずなのです。

背景にあるのは、「お金を増やそうとすることは、いいことではない」という呪縛なのだと私は思っています。

お金をどこかで疑っているのです。

お金が与えてくれるメリットの本質

そうしたお金に対するネガティブな思い込みから脱却するために、私が勧めているのが、お金が持っているポジティブなイメージをどんどん脳に刷り込ませていくことです。

お金があれば、どんないいことが待っているのか？

これについて、日本ではあまり語られることがない印象があります。お金持ちたちも意外に発信していません。

いい家に住めるとか、いいモノが手に入るとか、実はそういうことだけではないのです。それをぜひ知ってほしいと私は思っています。

何より、**人生の選択肢が増えます**。できることが増えていくのです。

近場の温泉にのんびり行くのもいいでしょう。でも、お金があれば、「ハワイの最高級ホテルに泊まって、目の前に大きな海を眺める」という選択が待っています。

ジム・ロジャーズさんは、**「『自由』を手に入れることができる」**と言っていましたが、お金を手にすることは、たくさんの選択肢を手に入れることを可能にするのです。

そして、お金を使うことは、**経済に貢献する**ことでもあり、**雇用や売り上げ**、そして、**税収に貢献する**ことなのです。

また、お金があれば、より**人の役に立つことができる**ようになります。寄付をしたり、人助けをしたり、今ならクラウドファンディングで新しい取り組みを応援することだってできます。

なぜお金持ちは、さらなるお金持ちになろうとするのか。それは、お金がたくさんの選択肢をもたらしてくれるから。そして、お金を正しく使えば、人生がより豊かになるからです。

お金のポジティブな面を常にイメージすることです。お金を心から信じることです。そうすることで、お金はあなたに近づきやすくなるのです。

Action

お金のポジティブさを常にイメージする。

Keyword 3

目的をつくる

お金に強い人は、誰かのためにお金を求める
お金に弱い人は、自分のためにお金を求める

できるだけ具体的で大きなゴールをつくる

お金に強くなれた人、お金に弱いままの人、3つ目の違いは、「目的やゴールがきちんとあるか」ということです。

「なんとなくぼんやりとお金が欲しい」という人と、**「これをやりたいからお金が欲しい」**という人と、どちらがより強い情熱が持てるか？　また、お金が近づいてくるか？　まわりが共感してくれたり、応援してくれたりするか？

当然、後者でしょう。

漠然とお金を求めていても、お金は入ってきません。**より具体的な目的、ゴールをしっかり設定することが大切**なのです。

そして、ゴールはできるだけ具体的であることと同時に、**できるだけ大きなもの**であったほうがいいと私は思っています。

これもまた、お金に強くなれた人とお金に弱いままの人を分けるものになるからです。

小さなゴールなら、すぐに達成できてしまえるのです。

そして、小さなゴールをつくろうとする人には、1つの特徴があります。

それは、「できるだけ失敗したくない」というマインドです。

目指すゴールが達成できなくて、がっかりしたくない。だから、あえて小さなゴールを設定してしまうのです。

しかし、これでは、残念ながら大きなゴールは達成できません。本当は大きなゴールを達成したいのに、小さなゴールしか設定しない人が、意外に少なくないのです。

そこで私がお勧めしているのが、**「まずは大きなゴールを決め、それを小さなゴールに細分化する」**ことです。その小さなゴールを達成していけば、大きなゴールにたどりつくと考えればいいのです。

貯金ができなかった人ができるようになる方法

投資アカデミーでもたくさん見てきましたが、実は貯金をしていない人は、本来はできるのに「やっていないだけ」の場合がほとんどです。

その原因は人によります。

「お金を使いすぎてしまうから」「稼ぎが少ないから」「今は仕事をしていないから」という人もいます。

しかし、真の原因は「目的やゴールがないこと」だったりします。なぜなら、目的やゴールがあれば、人は必ず行動に移すからです。

実際には目標やゴールはあるのに、動こうとしない人もいます。それは、自分で意識しないようにしているだけです。あるいは、忘れてしまっている。

人はすぐに忘れる生き物だからです。

私が提案しているのは、**目的やゴールは、手帳でもなんでもいいので、紙に書いておく**ことです。

視界に入るところに目標を貼って、常に見るようにすることで、無意識（＝潜在意識）に刷り込むことができます。こうすれば、目的やゴールを忘れずに済むし、常に意識するようになる。

そして目的やゴールは、小さなゴールに細分化していくのです。

例えば、大きなゴールが「マイホームを買うための頭金を貯める」であれば、小さなゴールは「毎月5万円貯める」となります。

となれば、小さなゴールを達成するための行動、ＴＯＤＯが求められることになります。

◎大きなゴール………マイホームのための頭金を貯める

◎小さなゴール………毎月5万円貯金する
◎そのためのTODO……飲みに行く回数を減らす、たばこをやめる、高いコーヒーを飲む回数を減らす

仮に具体的で大きなゴールがあったとしても、それが達成できるまでの道筋が描けていなければ、達成にはおぼつきません。また、お金を貯めようというモチベーションにもつながらないでしょう。

だから、**大きなゴールと小さなゴール、両方を持つ**ことが意味を持ってくるのです。

お金持ちになりたい理由が、エネルギーをつくる

「そもそも、お金のゴールがピンとこない」という声を耳にすることがあります。どうしてお金をつくらないといけないのか？　なんとなくお金はあったほうがいいし、お金持ちになりたいけれど、具体的なゴールがイメージできない、と。

これは、先にも書いた「お金=良くないもの」の呪縛が大きく邪魔をしていると言えます。

「お金持ちになると、まわりから悪いイメージで見られるんじゃないか」「お金持ちになりたいなんて堂々と言うと、冷たい目で見られるんじゃないか」「あいつはお金お金ばかり言っている人間だと思われるんじゃないか」……。

しかし、この呪縛を乗り越えて、大きなお金のゴールや目的をつくることができる方法が1つあります。

これは投資アカデミーでも、お金に強くなれた人にたくさん見られる特徴でもあります。

こんなマインドチェンジをするのです。

お金に強い人は、誰かを喜ばせたい
お金に弱い人は、自分を喜ばせたい

例えば、家族を喜ばせたいからお金持ちになりたい。家族のためにいい家が欲しい。

子どもを留学させたいからお金が欲しい。おいしいもので両親を喜ばせたい……。

こんな思いを持っている人を、否定する人はいるでしょうか？

あるいは、独立する友人に出資してあげたい。新しいビジネスを生み出す起業家を応援したい。スタートアップ企業を支援したい……。

これも、**「誰かを喜ばせたい」という目的のための「お金持ちになりたい」**です。

「自分の贅沢のため」と考えると、どうにもパワーが出てこないという人も、自分以外の誰かのため、何かのためであればパワーが出てくるのではないでしょうか？

誰のためにお金を稼ぎたいか？

実は私自身、最初に「お金を稼ぎたい」と考えたときの目的は、「両親に恩返しをしたい」というものでした。私の両親は、決して裕福ではありませんでした。それでも、私のために自分たちが辛抱して、大学にも出してくれました。

私たち兄弟の大学の学費をなんとかするために、父は友達からお金を借りていたのを、私は知っていました。一度、借りるところを見てしまったことがあったのです。

自分の親が人にお金を借りる姿は、あまり見たいものではありません。「どうして人にお金を借りるのか」と尋ねたら、「私の学費のためだ」と教えてくれたのです。父が無駄遣いをするためではまったくありませんでした。

父は、私に見られて恥ずかしい思いをしたと思います。でも、恥ずかしい思いをしてまで、私のために頑張ってくれていたのです。一生懸命に投資してくれたのです。もっと学費の安い学校に行く選択肢もなかったわけではないのに、高い私立の学校に行かせてくれたのです。

だから、少しだけお金を稼ぐことができるようになったとき、私が最初にしたのは、両親に車をプレゼントすることでした。運転手もつけました。そのために、ずっと毎月、今も仕送りを続けています。

両親は私のために頑張ってくれました。私はそれに報いたかった。そのためにも、お金が必要でした。たくさん稼ぎたかったし、両親にたくさんいい思いをしてもらいたかった。だから、私は頑張れたのだと思っています。

残念なことに、父に恩返しができた期間はわずかでした。2003年、父は心臓発作で突然、亡くなりました。本当に悲しかった。もっと贅沢をさせてあげたかった……。

今も東京でお気に入りの車を走らせていたりするとき、父のことを思い出して涙が流れることがあります。こんなふうにすばらしい車ですばらしい光景の中を走ることができるのも、父のおかげだからです。父は本当に私を愛してくれたのです。今の姿を、父に見せたかった。

今はインドにいる母と姉、また愛する妻と息子のために、そして、私を応援してくださるたくさんの人たちのために頑張っています。

誰かを幸せにすること、誰かを喜ばせることを考えるのは、とても大きなパワーを生み出します。

愛する人たちのために、堂々とお金持ちになればいいのです。

Action

「誰か」を幸せにするためにお金持ちになる。

Keyword

4 運を味方にする

お金に強い人は、運がいいと思い込む
お金に弱い人は、運がないと思い込む

運の良し悪しを決める、わずかな差

投資アカデミーで1000人以上の人に会って気づいた、お金に強くなれた人とお金に弱いままの人の違いの4つ目は「『運』についてどう考えているか」です。

お金に強くなれた多くの人は、「自分は運がいい」と言っていました。一方で、お金に弱いままの人は、「自分は運がない」と言っていました。

では、運がいい人は、本当に運が良くて、運がない人は本当に運がなかったのか。

実のところ、私は必ずしもそうではないと思っています。

運がいいと言っていた人は、**「自分は運がいい」と思い込んでいる人**だったのです。そして、「運がない」と言っている人も、実際には決して不運なわけではなかったのに、「自分は運がない」と思い込んでいる人だったのです。

この両者を分けていたのは、意識の差でした。

実は、**自分で決めていた**のです。

運を引き寄せることは簡単なことではないかもしれませんが、運を味方につけることはできると私は思っています。

それは、自分は運がいいと思うことです。

運がいいと思う人と運が良くないと思う人と、果たして運はどちらに行きたいと思うでしょうか？

お金を増やしていくときにも、「運がいい」と思って増やしていく人と、「運がない」と思って増やしていく人とでは、どちらにお金が増えていきそうでしょうか？お金はどちらに近づこうとするでしょうか？

「自分は運がいい」と考えることによって、いろいろな物事をより良くとらえられます。何かが起きたとき、ポジティブにとらえることができます。

このわずかな意識の差が、運を味方につけられるかどうかを分けてしまうのです。

就いた仕事を好きになろうとするか？好きなことを仕事にしようとするか？

意識の差は、知らず知らずのうちに、日常的なあらゆるものに影響を及ぼしていくと私は考えています。

例えば、私が日本でとても気になるのは、「仕事に満足している人が少ない」ということです。これは、データにも現れています。日本人は仕事に対する満足度が極めて低いのです。

さらに、有給休暇も取れていないし、生産性も低い。要するに、満足していない仕事で、休みも取れずに仕事をしていると言えます。これでは、とてもハッピーな構図とは思えません。

しかし、お金に強くなれた人は、このような発想はしていなかったのです。仕事に関してとても満足しています。

それは、誰もがうらやむ仕事をしているからではまったくありません。違うのは、意識なのです。

端的にいえば、こういうことだと私は思っています。

お金に強い人は、就いた仕事を好きになろうとする
お金に弱い人は、好きなことを仕事にしようとする

好きなことを仕事にすることは理想です。

しかし、それがとても難しいことは、多くの人が気づいています。もちろん、できれば理想ですが、運もあるでしょうし、他の人よりも努力したり、やり抜く力がないと、なかなか難しいものです。

特に日本ではそうでしょう。それを手に入れるのは大変だし、それを待っていても仕方がありません。

では、そんなことよりも、就いた仕事を好きになってしまったらどうでしょうか。そうすれば、仕事はおもしろいものになるのです。日々、充実していくのです。

楽しそうに仕事をしている人と、イヤイヤ仕事をしている人と、上司はどちらにチャンスを与えたいと思うでしょうか？　取引先はどうでしょうか？

「どんな仕事でも楽しんで仕事をしている人は、運もついてくる」ということになるのです。

成功者に共通する、仕事に対する考え方

私は世界中の多くの成功者や大富豪に会ってきましたが、仕事を楽しんでいない人はいません。お金持ちは仕事をしないと勘違いしている人もいますが、そんなことはまったくありません。多くのお金持ちが、バリバリと仕事をしています。

なぜかといえば、仕事はとても楽しいものだからです。それこそ、まるでスポーツでもするかのように、仕事に取り組んでいる人が多いのです。お金があって悠々自適で引退してもいいのに、みんな仕事をしています。

それは、仕事がおもしろいものだからです。

お金持ちには、仕事をつらいものとして取り組んでいる人はいないと私は感じています。

もっというと、**「お金のために働いていない」**という印象があります。

お金に強い人は、楽しみのために働く
お金に弱い人は、お金のために働く

おもしろいものですが、仕事を楽しんでいるから、仕事も成功するのです。仕事に成功するから、お金が入ってくる。お金が入ってくると、お金持ちになれる。

極めてシンプルな考え方です。

これに異論がある人は、なかなかいないのではないでしょうか。仕事は、うまくいったほうがいいに決まっているのです。だから、好きになったほうがいいのです。

お金持ちは、いろいろな面で努力しています。お金持ちになるには、努力が必要です。一方で、努力しているからこそ、こう考えます。

お金に強い人は、お金持ちになれるのは当然だと思っている
お金に弱い人は、お金持ちになりたいと思っている

この違いがはっきりと表れる場所が日本にあります。

年末のニュースでよく報じられる、宝くじ売り場の長い行列です。それこそ、運に任せて一発逆転を狙う。

お金に強くなれた人は、宝くじを買ったりしません。

それは、**お金持ちになるための努力とは真反対にある**ものだと思っているからです。

投資の世界で生きている人には常識になっていますが、宝くじは極めて投資効率が悪い、つまり、当たる確率の低い投資なのです。

投資というよりも、単なる投機、ギャンブルといってもいいかもしれません。その

くらい当てるのは難しいのです。

しかも仮に当選したとしても、幸運が待っているとは限りません。宝くじに当たった人の末路は、さまざまに言われていますが、残念ながら「当たって良かった」という人はほとんどいないそうです。

お金を手にする準備ができていないときに、大きなお金を手にすることは、極めて危険なことです。

お金は少しずつ増えていったほうがいい。少しずつお金持ちになっていくのがいいのです。

そのためにも、まずは仕事を好きになることです。努力をすることです。自分は運がいいと思い込むことです。そういう**意識が、運を味方につける**のです。

Action

就いた仕事を好きになろうとする。

Keyword

5 スピーディに動く

お金に強い人は、すぐにやろうとする
お金に弱い人は、すぐに言い訳を見つける

やらなくていい理由を探している？

お金に強くなれる人、お金に弱いままの人、5つ目の違いは、「スピーディに動けるかどうか」ということです。

お金に強くなれた人は、すぐにやろうとする人です。一方で、お金に弱いままの人は、なかなか動こうとしない。何かの言い訳を見つけて、動かないのです。

例えば、投資アカデミーで真っ先にするのが、まずは証券口座をつくってみましょうというものです。

お金に強くなれる人は、戻ったらすぐに申込みの手続きをします。中には、講義の最中に、スマホを使って申込みをしてしまうというツワモノもいます。**「どうせ申込みをするのであれば、さっさとやってしまおう」**ということなのでしょう。

ところが、お金に弱いままの人は、そういう動きができません。お金がかかるんじゃないか、何か売りつけられるんじゃないか、パソコンから申込みをするのは危ないんじゃないか、などなど「口座をつくらないほうがいい理由」をどんどん頭に思い浮かべてしまうのです。そして、行動しません。

これは、おそらく「証券口座をつくる」ということだけではないと思います。何かチャンスにつながりそうなものがやってきたときも、課題や壁ばかりを思い浮かべて、せっかくの機会を失ってしまうのです。

しかし、私にはその気持ちがよくわかります。

かつて言い訳人生だった人間の告白

実は私自身がかつてインドから日本にやってきたばかりの頃、言い訳ばかりを見つけていたのです。20代の私は、言い訳の人生を生きていました。そして、すべてを何かのせいや人のせいにしていました。

環境が悪い。会社が悪い。上司が悪い。私自身がそうでした。だから、言い訳の人生を送る人の気持ちがよくわかるのです。

そこからは、なかなか抜け出せませんでした。私自身も、抜け出したいけれど、なかなかそれができませんでした。

振り返ると、そういうときはいつも**逃げ道**を自分の中で用意していたのです。自分で自分をしっかり見つめられないのです。

例えば、お金に弱いままの人の行動としてよくあるのが、「日本が破滅する」「大暴落が起こる」といったネガティブな内容の書籍を好んで読んでしまうことです。

結果として、「大損してしまったらどうしよう」「資産が減ってしまったらどうしよう」「万が一失敗してしまったらどうしよう」と考えます。

だから、何もしないのです。「そんなことが起きるなら、やらないほうがいい」と考えてしまう。ネガティブな情報を最初に入れることで、それを言い訳にしてしまうのです。

お金に強い人は違います。いろいろなことは起きるかもしれないけれど、**ポジティブな可能性にフォーカス**します。「うまくいったらどうなるのか」ということに頭を巡らせます。だから、すばやくチャレンジができるのです。

完璧にやらないほうがいい

では、どうすればいいのか？

お金に弱いままの人には、どうやら大きな特徴があることに私は気づきました。

彼らはとても真面目なのです。かつての私がそうだったように。**真面目であるがゆえに、陥るワナ**があるのです。

例えば、何かを毎日やらないといけないとします。そういうとき、こんなことが起きてしまうのです。

お金に強い人は、まずは10分から始めてみる
お金に弱い人は、いきなり1時間やろうとする

ジョギングだって、寝る前のストレッチだって、いきなり1時間やろうとしたら大変です。これでは長続きしません。しんどくなってしまいます。

真面目だからこそ、一生懸命にやろうとしてしまうのです。いろいろな情報を集めようとしてしまう。ネガティブなことも知ろうとしてしまう。

やらないといけないときに、いろんなイメージを膨らませてしまう。忙しいからできないんじゃないか、残業があるからできないんじゃないか、そんなことは自分にはできないんじゃないかと考えてしまう。

そんな考えに陥る前に、ちょっとだけ肩の力を抜いてみることです。大事なことは、**小さなスタートから始めてみる**ことなのです。

お金に強くなれた人は、そうしています。少しずつ少しずつ進んでいけばいいのです。余計なことは考えないことです。

お金に強い人は、小さな一歩から始める
お金に弱い人は、大きな一歩を踏み出そうとする

まずは、小さな一歩でいいのです。

大事なことは、**スピーディに動いてみる**ことです。そして、それを**継続する**ことです。

完璧に始めなくていいのです。ほんのちょっとでいいのです。100%成功しなくてもいいのです。その意識で少しだけ踏み出してみる。それが、人生を変えてくれるのです。

真面目な人が陥りやすい、投資を始めたときの落とし穴

これはよくあることなのですが、真面目な人が投資を始めると、びっくりするようなことが起きたりします。ずっと貯蓄しかしていなかったのに、いきなりプロの投資家になろうとしてしまうのです。

例えば、**いきなり40%、50%の利回りを1年で狙おうとする**のです。投資の成功とは、きっとこのくらいの成果を出さないといけないだろうと思って、大きなリスクの高い投資に踏み出してしまったりするのです。

でも、よくよく考えてみないといけないのは、**「投資を始める前の貯蓄の金利は、もしメガバンクなら0・001%程度だった」**ということです。

もしかすると、これが1%になったとしても、投資は大成功でしょう。利回りは100倍になったのですから。10%だったとしても大成功です。1000倍です。

ところが、なぜか、いきなり40%を目指そうとしてしまうのです。そうでないと、満足できなくなってしまう……。ちょっと前まで0・01%で運用するのが当たり前だったのに、です。

そして当然ですが、高いリターンが狙える投資には、高いリスクがつきものになります。損失が出る可能性が高まるのです。

ところが、そこには向き合いません。プラスは見たいけれど、マイナスは見たくないという心理が働くのでしょう。

完璧にうまくいっていなければいけないのです。まったくやらないか、始めたらとんでもない大胆さで踏み出してしまうか、極端になってしまうのです。

これも真面目さゆえだと思います。こういうことが起こりうるのです

時間がかかるから、スピードが大事

お金持ちになるには、時間がかかります。いきなり**一発逆転で巨万の富というのは、投資ではなく投機**です。先にも書いた、宝くじと同じことです。

それよりも、**お金持ちになる「プロセス」こそが大切**です。そのプロセスを楽しんでいってほしいのです。

そして、**時間がかかるからこそ、スピーディに始める**ことが大切になります。すばやく動くことが重要になるのです。すばやく動けば、時間も味方につけることができます。すばやく動けば、それだけお金持ちになるための時間が得られるのです。

だから余計なことは考えず、すばやく行動に移す。実のところ、それは誰にでもできることです。

そうやってポテンシャルを信じてスピーディに動いた人が、やはりチャンスを手にしていきます。いろんなことを考え過ぎて、チャンスを逃してしまう人を尻目に、どんどん前に進んでいくのです。

言い訳人間だったから、私にはわかります。すぐに言い訳をしたくなってしまうという人がいることも。だからこそ、言い訳はぐっと飲み込んで、動いてみる価値を思うのです。

小さなスタートでいい。小さなアクションでいい。まずは、すぐにやってみること。そして、プロセスを楽しむこと。それが未来を大きく分けるのです。

Action

まずは、すぐに動いて、小さく始めてみる。

第2章

「習慣」を変える

——「お金がない」が変わる

Keyword

6

自分をマネジメントする

お金に強い人は、健康に注意している
お金に弱い人は、健康を軽視している

自己管理するために、持っておきたいこと

多くの人が、自分を変えたいと思っています。もちろん、もっといい方向に、より良い方向に持っていきたいと思っています。

しかし、人は簡単に変われるわけではありません。脳の中身も変わってくれません。

そこで、自分を変えていくために1つの方法を取り入れている人が少なくありません。

とりわけ、成功者の多く、お金持ちの多くがやっていることがあります。

それは、「習慣を変えていく」ということです。日々やることを少しずつ変えていくことで、生活を変えていく。生活を変えていくことで、自分を変えていくのです。

この章では、**自分を変えていくための習慣**についてお伝えしていきます。

まず、成功者やお金持ち、さらにはお金に強くなれた人には、共通点があります。

それは、「自分を管理できている」ということです。生き方や動き方、考え方に「管理」という考え方が入っているのです。自分がおかしな方向に行ったりしないようにマネジメントしています。そのための習慣を持っているのです。

なぜお金持ちは、朝イチに体重計に乗るのか？

投資アカデミーでたくさん人に会ってきましたが、お金に弱いままの人の特色の1つとして、「自分の管理ができていない」という印象を持っています。

なんとなく生きているのです。しっかり自分自身をコントロールできていない。「管理」ができていないのです。

象徴的なのが、**健康に注意しているかどうか**です。

人間は、身体が資本。健康を損ってしまったら、何もかもうまくいきません。それがよくわかっているから、成功している人、お金を持っている人は、自己管理をします。自分をマネジメントして、健康に留意していくわけです。

となれば、健康管理が必要です。食事にも気をつけます。カロリーについて意識することも求められるでしょう。真夜中に炭水化物を取ったりしません。トップのお金持ちほど、いつでも何でも食べられるのに、そういうことはしません。炭水化物は糖質が多いし、身体を太らせることをよく知っているからです。そして、運動もします。ジム・ロジャーズさんは毎日、自宅にあるジムで運動しています。

私自身も、健康にはとても気をつけています。**自己管理の基本中の基本**だと思っています。だから、習慣として1日のスタートは、体重計に乗るところから始まります。

私にとって、体重は健康のバロメーターであり、自分マネジメントの象徴でもあります。体重が増えていれば、食事の内容を変えていきます。誘惑があっても決して食べすぎないのは、毎日しっかり管理しているからです。

習慣化させる、たった1つの切り札

それは、難しいことではありません。**ルールを決めている**のです。そして、**それを習慣にしている**のです。

「管理やマネジメントなんて、面倒だ、大変そうだ」と思われるかもしれませんが、むしろ逆だと思っています。良い習慣をルール化してしまえば、あとはそれを守っていくだけです。することが決まっていなくて、その都度、考えなければいけなかったりすることのほうが、よほど面倒で大変だと思います。

そして、そういうところから、悪い習慣が生まれてしまいかねません。やらないほうがいい習慣は、ルールを定めていないから、マネジメントができていないから生まれてしまうのです。

お金に強い人は、良い習慣を持っている
お金に弱い人は、悪い習慣を持っている

もちろんゴールも大切です。でも、お金に強くなれた人たちは、自己管理や習慣をとても大切にしています。良い習慣が、自分を良い方向に変えていってくれているとわかっているからです。そして、そのほうが時間も有効に使えることに加え、やらないといけないことを考える無駄な時間もいらなくなるからです。

私は朝、体重計に乗って以降も、ほとんどだいたいやることを決めています。そのとおりに淡々とこなしていきます。体重計に乗った後は、寝ている間に口の中には雑菌が増えていますから、まずはうがいをする。それから、コップ一杯の水を飲む。

こんなふうに、やることを着々と進めていきます。それが、最も効率的な時間の使い方だからです。

「忙しい」がなくなる秘策

お金に弱いままの人の特色として、よく聞こえてくるのが、次のセリフです。

「忙しくて時間がない」

投資アカデミーでもそうですが、必要な準備ができていなかったり、当日に遅刻してしまったりする人がいます。準備ができていなければ、万全の態勢でコンサルティングを受けることができません。

結果的に、自分が損をすることになります。これでは、得られたはずのお金を増やす方法を得られなくなってしまう可能性が高くなります。それは、とてももったいないことです。

お金に強くなれる人は、事前準備をしています。しかも、余裕をもってやっています。北海道や沖縄など遠くから来る人は、1日前に来て決して遅れないように予定を組んだりしています。

これができているのは、しっかり管理ができているからです。それは、日頃から時間管理を習慣づけているからです。だから、**何にどのくらいの時間をかけるべきか、**把握できているのです。

そして、「どうすれば時間を捻出することができるか」もわかっているのです。いろいろなものを効率化したり省略したりして、時間をつくっています。例えば、私は食事をしても二次会には行きません。そうルールを決めているのです。逆にいえば、それだけです。

実際に忙しいといっても、**時間は誰にも同じだけ与えられています。**要するに、使い方の問題なのです。それこそ朝ご飯を食べる時間もあります。トイレに行く時間もあります。通勤する時間もあるし、お風呂に入る時間もあります。それをほんのちょっとずつ削ることで、**20分、30分の時間は、十分に捻出できる**はずなのです。うまくいく人は、それをやっています。

貯蓄や投資の額は、先に決めておく

実際、私自身もかつて営業をやっていましたが、セールスで成績を出している人と、そうでない人の違いは、無駄を減らしているかどうかです。

ウィル・スミス出演の映画「幸せの力」を私はいろいろな人に推奨していますが、あの映画で主人公がホームレスからスーパーセールスになるにあたって実践したのが、極限まで無駄を削ることでした。

徹底的に自分の時間を管理して、**使うべき時間と使わない時間を分けていきます。**

そして、使うべき時間も効率化していきます。自分を、そして時間を徹底的にマネジメントすることができれば、時間はもっともっと生み出すことができるのです。

そして、それは「お金の管理」も同じです。典型的なのがこの違いでしょう。

お金に強い人は、先に貯蓄や投資の額を決めようとする
お金に弱い人は、残ったお金を貯蓄や投資に回そうとする

お金を管理できていないと、こういうことが起きます。これでは、いつまで経っても「お金がない」は変わりません。

お金に強くなれた人は、お金を管理しているのです。それは、**先に貯蓄や投資の額を決めてしまう**ことです。そうすることを習慣化している。

良い習慣は、お金に強くなる道でもあるのです。

ちなみに私は、**やるべきことをスマホのスケジュールにすべてメモ**しています。1日のスケジュール欄の早朝のところに、TODOリストとして書いておくのです。そうすれば、うっかり忘れることもありません。

また、スマホの画面も、すぐにアプリが見られるように、フォルダにまとめて管理しています。こうしておけば、「あのアプリはどこにいったかな?」などと探す時間が必要なくなります。

こうしたちょっとした時間の積み重ねが、とても大きな差を生むのです。だから、きちんと整理しておく。スマホの画面の整理も、実はお金につながっているのです。

Action

毎朝、体重計に乗る。スマホの画面を整理する。

Keyword
7
計画・予算を立てる

お金に強い人は、今の財布の中身をわかっている
お金に弱い人は、今の財布の中身を知らない

会社と同じく、計画と予算を持っているか？

お金に強くなれた人とお金に弱いままの人、何が違うのか？　7つ目に挙げておき

たいのが、「計画や予算を持っているか」ということです。

会社で仕事をしていれば、当たり前のように計画や予算があります。いくら売り上げないといけない。いくら利益を得よう。それに対して、どのくらいの費用がかかるのか。いくら使ってもいいのか。

そんなふうに計画と予算を立てて、会社は経営されています。

どうしてそんなことをするのか？　そのほうがうまくいく確率が高くなるからです。確実に目標を達成できたり、利益を残していくことができるからです。

これは、会社に勤めている人なら、どんな仕事をしている人でもご存じのことでしょう。みんな意識しているし、やっていることです。

やみくもに売り上げや利益を追いかけ、組織の規模を拡大させていったとしても、それ以上の費用を使ってしまったら、会社は破綻《はたん》してしまいます。計画や予算を持っているからこそ、会社の経営は回っていくのです。

しかし、会社では予算や計画に基づいて動いているのに、どうして個人の家計になると、それをやらないのでしょうか？

しっかり計画を立て、予算を持って行動したほうがいいのです。なぜなら、そのほうがうまくいく確率が高いからです。経営と同じです。

いつも無計画にとりあえずの行動をしている。そういう会社がうまくいくと思いますか？　それは、**個人も同じ**なのです。

無駄な支出の現状を洗い出す

計画や予算を立てる前に、まずやらないといけないことがあります。

それは、「現状を常にしっかり把握しておく」ということです。

投資アカデミーでは、よくこう尋ねます。

「みなさんは今、財布にいくら入っているか、中身をわかっていますか？」

わかっていない人は、現状が把握できていない人である可能性が高いのです。それこそ、銀行口座にいくら残っているのか、わからない人も多いかもしれません。それなのに買い物をどうやってするのか？

これでは、計画も予算もないと言われても仕方ありません。

投資アカデミーではよく「給料が多くないから、貯めるお金が足りない」という声も聞こえてくることがありますが、そういう場合に限って、自分の財布の中身についてわかっていなかったりします。財布の中身もわからないのに、なぜ「お金がない」なのでしょうか？

そして毎月、何にいくら使っているのかを把握できていなかったりします。だから結局、月末になって「お金がない」ということになりかねないのです。

毎月、何にいくら使っているのか？

それをしっかり洗い出してみることです。そうすれば、必ず無駄な出費があることに気づけます。お金に強くなれた人は、そのことに気づけた人です。それが、貯蓄につながっていくのです。

お金に強い人は、無駄な支出を減らせる
お金に弱い人は、無駄な支出に気づけない

『お金がない』のに、お金をつくりたい。ならば、方法は2つしかない」ということに気づかないといけません。

「入ってくるお金を増やすか」「出ていくお金を減らすか」です。

副業やアルバイトで入ってくるお金を増やすことも1つの選択肢です。しかし、それが難しいのであれば、出ていくお金を減らすしかありません。今を見つめ直すしかないのです。

無駄な支出を見つける2つの質問

「いや、自分は無駄な支出などしていない。もう、これで限界だ」

そんな声が聞こえてくることもあります。そういうときに、私がよく尋ねるのが、これです。

「コーヒーショップで週に何回、コーヒーを飲みますか？」

意外に多いのです。コーヒーショップで、一杯500円、600円と支出している人が。「コーヒーくらい」と思うかもしれませんが、週に3000円、月に1万2000円となると、意外に大きな出費だということに気づくでしょう。

とにかく節約して、ケチケチした生活を送りなさいと言うつもりはありません。しかし、なにげなく、それほど意識せずに、大した喜びもなく使っているお金が意外にたくさんあるのではないでしょうか。

その出費は、本当に必要なのか？　出費したことについて、自分が本当に納得しているかどうか。それを見つめ直すことが大事だと思うのです。

「支出を洗い出す」とは、そういうことです。

無意識に、なんとなく使っているお金がないか、チェックするのです。そのお金は、もしかして使わなくても良かったんじゃないかということを理解するのです。

お金に強い人は、意識してお金を使っている
お金に弱い人は、無意識にお金を使っている

言葉を替えれば、「費用対効果を考える」ということかもしれません。

ここで、無駄な支出を見つける2つの質問をお伝えします。

「その支出は、本当にその支出をする価値があるものかどうか」

「このときに使わなければいけないものなのかどうか」

この2つの質問を自分にして振り返ってみれば、意外に無駄な支出があることに気づけるでしょう。コーヒーもその1つ。それをシビアに見つめてみることです。

計画から逆算するメリット

現状がしっかり把握できている人は、実は計画がしっかりある人でもあります。計画がしっかりあると、それを実行しようとするからです。

実行のためには、**目の前の現状を理解しておかないといけません**。だから、把握ができるのです。

例えば、「1000万円をつくりたい」というゴールがあるとします。ただ考えて漠然とお金を貯めていたのでは、達成はなかなか難しいでしょう。

では、10年でつくるために、計画を立ててみたらどうでしょうか？

逆算してみると、1年で100万円ずつ貯めなければいけないことになります。となると、月5万円、ボーナスで年間36万円貯めるとして1年間で96万円。これが10年で960万円。残り40万円を運用でまかなう。

こうなれば、月に5万円ずつ貯めることができるよう、毎月の収支を考えていくことになります。

毎月の給料とにらめっこして、1日どのくらい、1週間でどのくらい自由に使っていいのかも把握ができるようになります。

経営と同じように、明確でロジカルな計画と予算を手に入れることができるのです。

それこそ、もっと長期で大きなゴールをつくってもいいかもしれません。

「5000万円をつくりたい」とします。

そうなれば、収入のポケットを増やしていく必要が出てくるでしょう。ここから、副業や結婚という選択肢も生まれるかもしれません。

結婚で収入は一気に2倍になります。そうすると、計画の幅はさらに広がります。

会社員という信用をうまく使って低金利のお金を借りて、不動産投資をするという選択肢も出てくるかもしれません。すると、家賃収入という新たなポケットが加わります。

実際、こんなふうにして、お金をどんどん大きくしている人がたくさんいるのです。

お金持ちは、クレジットカードを使わない

「財布の中身」と冒頭に書いたのは、実は意味があります。

今は、とても危険なものが世の中にはあるからです。

それは、クレジットカードです。

クレジットカードはとても便利です。しかし、便利であるがゆえに、落とし穴があります。自分でどのくらい使ったのかを把握するのが、とても大変なのです。

財布の中から現金が出ていけば、減っていることを認識します。少ししか入っていなければ、「これを買うのはやめておこう」ということにもなります。

ところが、クレジットカードは財布の中にお金が入っていなくても、買うことができてしまうのです。

しかし、それはいずれ支払わなければいけないお金です。本来は、財布から出ていくはずだったお金です。言ってみれば、**短期の借金**なのです。そのことに気づいておかないといけません。

実は私は、できるだけクレジットカードを使わないようにしています。クレジットカードによって、余計なものを買ってしまう危険があるからです。現金で目の前で払うとなれば買わないものも、クレジットカードなら買ってしまったりする危険があります。それは、多くの人が経験済みなのではないでしょうか。

お金持ちの多くは、そのことをよく知っています。だから、彼らは意外にクレジットカードを使いません。

それどころか、現金もあまり持ち歩かず、奥さんや家族にお金を借りて支払ったりします。借りてまで払うわけですから、余計なものには使いません。

こうして無駄遣いをしないようにしているのです。あえて、**財布の中にお金を入れない工夫**をしているのです。

銀行から下ろすときのひと工夫が、お金を残す

私はお金を下ろすとき、**本来なら5万円を下ろすところを、端数で下ろしたりしま**

す。

例えば、4万3000円。3万円を下ろすなら2万7000円。こんな具合です。不思議なのですが、4万3000円下ろしているのに、気分は5万円なのです。しかし、財布の中には4万3000円しかない。だから、4万3000円しか使えませんし、使おうともしません。結果的に、もしかしたら、あったら使ってしまった7000円が口座に残ることになります。

年間にすれば、けっこうな額です。お金を残すのに、意外にいい方法だと私は思っています。みなさんも、ぜひやってみてください。

Action

お金はわざと少なめに引き出す。

Keyword

8 自分のためにお金を使う

お金に強い人は、自分のためにお金を使う
お金に弱い人は、見栄のためにお金を使う

無駄な出費を減らせた人は、何をしたのか?

「お金がない」から脱却できて貯金ができた人は、多くの場合、無駄遣いをなくすことができた人です。しかし一方で、無駄な出費というものがなかなか見つからないという人もいます。

何が必要な出費で、何が無駄遣いなのか。どうして、支出を減らすことができたのか？

たくさんの方と話をしてきて、感じたことがあります。

支出を減らせた人は、**「誰のために、何のためにお金を使っているのか」にしっかり向き合っていた**ということです。

日本で働くためにやってきて、仕事を始めるようになって、とても不思議に思っていたことがありました。例えば、高校生が何万円もするようなブランド物の財布を持っていたりするのです。また、まだ若くて、きっと手取り収入は20万円台と思える女性が、50万円も70万円もするようなバッグを持っていたりします。

投資アカデミーでも、銀行の残高が10万円しかないのに、30万円のブランド物のアクセサリーをクレジットカードで買ってしまったという話をしていた人がいました。

もちろん欲しいものが買えて、それを手にできるのはうれしいことだと思います。

しかし、「それは本当にいい買い物だったのか？」ということをしっかり考えていく必要があると思うのです。

高価なブランド品に、あなたにとって本当の価値があるか？

私が問いかけていたのは、**「それは本当に自分のための買い物なのか？」**ということでした。もしかして、「見栄のために買っているのではないか。自分を大きく見せたくて、ブランド物を買っているのではないか」と。

本当のところは、そんな高額なものを買う必要があったのかどうか。そして、本当にその値段に見合った満足を得られているのかどうか。コスパは見合っているのか、ということです。

私自身、こんなことがありました。

先日、白いスニーカーが欲しいと思ったのです。少し調べてみると、ブランドのロゴの入った白いスニーカーが、とても人気であることを知りました。

ところが、とても高いのです。1足8万円もする。たしかに、そのスニーカーを履いていれば、流行りのスニーカーを履いていると見る人もいるでしょう。高いブランド物のスニーカーを買っている人と思う人もいるかもしれません。

しかし、考えてみれば、それだけの話なのです。

たったそれだけのために、果たして8万円が見合っているかどうか。もとより白いスニーカーです。すぐに汚れてしまいます。私は子どもと一緒に歩く機会も多いですから、子どもの靴がすぐに当たったりします。あっという間に汚れてしまうのです。

結局、私はそのスニーカーを買いませんでした。代わりに、ブランドに関係なく、アウトレットで「これはすてきだな」と思った数千円のスニーカーを3足買いました。3足で2万円ほどです。この買い物には、とても満足しました。

ブランド物は安く買えばいい

私もブランド物を買うことがあります。ものがとても良いものがあるからです。デザインもさすがだなと思えるものもあります。

しかし、もし安く買うことができるなら、安く買ったほうがいいと思っています。例えば、アウトレットの店で買う。そうすれば、同じものが3割引き、4割引きで買えるわけです。

たしかに、前のシーズンのものだったりするのかもしれません。しかし、そこまでトレンドに私は興味があるわけでもないし、多くの人もそうだと思っています。よほどの人でなければ、いつのシーズンのものなのかなんて気づかないのです。

それなら、安く、いいものが買えたほうがいい。ブランドじゃないものと、同じくらいの値段で買えたりするわけです。コスパはとてもいいと思います。

ブランドといっても、そのくらいの認識でいいと私は思っています。

自分の収入をはるかに超える額を払う価値が、本当にあるのかどうか。

それを買ったり持ったりすることによって、いったい何を得ることができるのか？

冷静に考えるべきだと思います。見栄にお金を出したところで、本当にその費用を出すだけの効果があるのかどうか、見極めたほうがいいのです。

そうすることによって、「これは、もしかすると、無駄なお金かな」ということにも、気づけるようになります。

「いや、それは頑張っている自分へのご褒美だ」という人もいるでしょう。そのことを私はまったく否定しませんし、ケチケチ暮らすのがいいとは言いません。

しかし、ご褒美も、**いいご褒美と無駄なご褒美がある**と思っています。無駄なご褒美とは、コスパに見合わないご褒美です。それは、もしかすると無駄かもしれません。

それを見分ける方法こそ、「見栄のためなのか、自分のためなのか」という基準で考えてみることです。

その買い物、見栄のためではないですか？

例えば、旅行に行くとします。誰かのため、見栄のために旅行に行く人はまずいませんから、旅行は自分のために行くでしょう。

また、**旅行は、自分の視野を広げてくれます**。新しい世界を広げてくれます。刺激をもらえます。発見があります。世界中の人が旅行をするのは、旅行に大きな魅力があるからです。もちろん、お金持ちも旅行が大好きです。同じ世界、同じ人脈に籠もっていたら、新しい発想は生まれません。それでは、いい仕事もできません。お金にも結びついていきません。私自身も旅行は好きですし、みなさんもどんどん旅行に行くべきだと思っています。

なぜなら、自分のためになるからです。

財布もいい財布を買います。ただし、ブランド物ではありません。私が地方創生を応援している、鳥取の会社がつくった象の革でつくられた財布です。ブランド物も軽く買える値段の財布ですが、それだけの価値があると思ったし、とても気に入ったのです。その会社を応援しており気に入ったから、自分のために買ったのです。

実際、なかなか見慣れない財布ですし、持っていると、「それはどこの財布ですか」とよく聞かれます。「すてきな財布を持っていますね」と言われることも少なくありません。人にインパクトを与えるという意味でも、とてもコスパが良かったと思っています。

それは、見栄のためではなく、自分のために、自分が本当に気に入ったものを買ったからだと思っています。

モノを買うときには、**何のために買うのか、ほんのちょっとでも考えてみる**ことです。そして、その**価格に見合った価値がちゃんとあるか、コスパを考えてみる。**それは、無駄遣いを見つける、大きなヒントになります。

ポイントカードはむしろ損？

もう1つ、無駄遣いを生んでいるものといえば、ポイントカードがあります。

私はポイントカードを持っていません。今やどこのお店で買い物をしても、「××ポイントカードは持っていますか？」と聞かれる時代ですが、私は持たないし、つくりません。

そもそもどうしてポイントカードがあるのか？

「もっと買ってもらおう」という企業のマーケティングのためにあるのです。それだけに、本当にうまくできていると感心します。

実際、たいして欲しいわけでもないのに、「ポイントが貯まるから」とか、「ポイント3倍デーだから」とか、「ポイントが使えるから」というだけの理由で買ってしまったりはしないでしょうか？

もし、ポイントカードを持っていなかったら買っていなかったものを買ってしまったりもします。それは、すなわち無駄なものを買ってしまったということです。無駄遣いです。余計なものを、ポイントカードのせいで買わされているのです。

ポイントは一見、おトクに見えるのですが、余計なものを買ってしまうという意味においては、まったくおトクではないのです。ポイントでおトクになった以上のものを買わされているのです。

考えてみれば、そうでなければ、企業のマーケティング戦略として成立するわけがありません。**もっとお金を使ってもらうため、企業を利するためのもの**なのです。

だから、私はポイントカードを持ちません。多くのお金持ちや成功者の多くも同じです。余計なことを考えずに済むので、とてもラクチンです。

ステータスのためにお金を払う愚

しかし、やっかいなのは、このポイントがステータスと連動していたりすることもあるということです。

例えば、エアラインのマイルです。私はしょっちゅう海外出張に出かけますので、日本の某航空会社である高いステータスを持っていました。ところが、そのステータスの仕組みが変わってしまったのです。前年と同じだけ利用しても、同じステータスは手に入らない。調べてみると、もう一度、ビジネスクラスで海外を往復しないといけないことがわかりました。しかし、出張の予定は特には入っていませんでした。

こうなると、そのステータスを手に入れるというだけのために、ビジネスクラスに乗って海外に行かないといけないなんてことになるわけです。実際、そういうことをしている人も少なくないようです。

しかし、私はステータスによって手に入るものと、そのためにかかる費用を天秤にかけました。結果的に「ステータスはいらない」と判断しました。そのステータスを持っているという見栄くらいしか、私にはその価値は見いだせなかったからです。

マイルにしてもポイントカードにしても、こんなふうに人を惑わせるようにできています。だから、持たないほうがいいのです。

ポイントカードを持たないと損をすると思っている人は、ポイントカードを持つことによって、**余計なものを買って損をしている**のではないかと疑ってかかる必要があります。それでも、持ちたいと思うかどうか。実はいらないのです。**まったくおトクじゃない**のですから。

実は私には、ポイントカードを持たない、もう1つの理由があります。

それは、**財布がカードでパンパンに膨れてしまう**ことです。これは見栄の以前に、まったくもってすてきなことではありません。美しくない財布には気分も悪くなります。そんな財布に、お金が入ってくるとも思えません。

この理由でも、ポイントカードは持たないのです。

Action

ポイントカードは、もう持たない。

Keyword 9

テレビは見ない

お金に強い人は、テレビはできるだけ見ない
お金に弱い人は、テレビを長時間見てしまう

なぜお金持ちはテレビをほとんど見ないのか？

日本にやってきて、いろんなことがうまくいかなかった時代、プライベートな時間

の多くの部分を占めていたものがありました。

テレビです。仕事を終えて家に帰ってからも、土曜日や日曜日は、テレビばかり見ていました。

振り返ってみると、日々の現実から逃げたかったのだと思います。テレビは、最も逃げ込みやすいのです。一方的に笑わせてくれる。共感させてくれる。慰めてくれる。感動させてくれる。居心地がいいのです。

上司に叱られたり、お客さまに怒られた日は、バラエティ番組を見てハッピーな気持ちになりたくてしょうがなかった。そして、ダラダラと遅い時間までテレビをつけっぱなしにして見続けていました。

世界のお金持ちに会うようになってわかったことは、お金持ちはテレビをほとんど見ないということです。

ジム・ロジャーズさんの家にはテレビはありません。投資アカデミーでお金に強くなれた人も、テレビはできるだけ見ないと語っていた人が多いのです。

見ない理由は、**「無駄な時間を過ごしてしまうから」**。

一方で、お金に弱いままの人は、テレビを見ることをやめられません。

これは、すでに世界中でいろいろな調査があるようですが、**裕福でない人の習慣で最も多くの時間を占めているのはテレビ**なのです。

テレビをダラダラ見続けることは、お金に弱いままにしてしまう、最も危険な習慣ではないかと多くの人が指摘しているのです。

お金に強い人は、暇つぶしをしない

どうしてテレビが問題なのか？

それは、多くの時間を奪ってしまうからです。ダラダラと見続けることができてしまいます。チャンネルを次々に変えて、何時間でも過ごせてしまいます。

しかも、一方的に情報が入ってくるだけです。何か能動的にこちらがアクションを起こすようなことはありません。いつも受け身で、受動的なコンテンツがテレビなのです。

だから、「暇をつぶしたいな」とか、「何もしたくないな」とか、「嫌なことを忘れたいな」というときには、テレビはとてもいいツールなのだと思います。何もしなくても、向こうからいろんな映像を投げかけてくれるからです。

しかし、時間はどんどん奪われていきます。やらないといけないことが、面倒になっていきます。現実を見るのが嫌になっていきます。

そうやって、何もしなくなっていく。どんどんラクなほうに流されていく――。

しかし、バラエティで笑っている間は、何も解決されません。「私も大変だけど、世の中の人も大変なんだ」と共感したところで何も生み出しません。

お金に弱いままの人たちがダラダラとテレビを見て過ごしている時間、お金に強くなれた人たちは、いろいろなことをする時間に当てていきます。

読書の時間にしている人もいます。**家族でゆったりと語らう**人もいます。心が豊かになるような**映画を観る**時間に当てる人もいます。**お金を増やすための勉強をする**人もいます。

有意義な時間に使うことができるのです。だから、世界のお金持ちはテレビを見ないのです。

お金に弱い人が知らない、テレビの怖さ

どうしてもテレビをやめられないという人がいます。一方で、「テレビはこれだけ」と決めて、時間を制限している人がいます。それができるかできないかは、この違いだと思っています。

お金に強い人は、自分は怠け者だと知っている
お金に弱い人は、自分は怠け者だと気づいていない

人は元来、怠け者なのです。だから、放っておくと、どんどん怠けてしまうのです。

それがわかっていれば、怠けないようにするにはどうするかを考えるようになります。

怠けていてばかりだと、何もできないというリスクにも気づいていきます。

ところが、**自分は怠け者だと気づいていない人は、自分を怠けさせないようにするには、努力や工夫が必要なことに気づけない**のです。結果として、怠け者から抜け出

せず、ダラダラと無駄な時間を過ごし、何も手に入れることができなくなるのです。「テレビをまったく見るな」とは私も言いません。しかし、自分で制限をすることはできると思うのです。

時間を定める。見る番組を定める。そして、**勇気を持って消す。**

テレビの持つ怖さに気づいて、自分でしっかりマネジメントすることです。それができないと、テレビの魔力にどんどん吸い込まれていきます。世界中でお金に弱い人の象徴的な習慣へと引きずり込まれていくのです。

その情報は、自分の人生に役立つものか？

私もテレビを見ることはあります。情報番組やバラエティ番組も見ます。

ただ、ある情報が始まったら、すぐに消すことにしています。ネガティブなニュース、人の不幸に関わるようなニュースです。

例えば、「芸能人がどうしたこうした」というニュースです。正直、とても下世話な話が少なくありません。誰かを傷つけるような話も多いものです。

私はいつも思うのですが、そんなニュースを耳にして、どんなメリットがあるのでしょうか。

また、世の中にはいろいろなトラブルが起きています。そのトラブルを事細かに、何度も何度も報じていたりします。それに対して、コメンテーターたちがいろいろとコメントしていきます。そういう番組を見て、まるで自分が評論家になったかのように、職場などで語っている人もいると聞きます。

しかし、そんな**特定の話題のトラブルに詳しくなったところで、何か意味があるのでしょうか？**

また事件や事故をとにかく詳細に報じられるのも、あまり好きではありません。どうしてそこまで詳しく報じなければいけないのか。こちらの気分が落ち込んでしまうときすらあります。

私が意識しているのは、自分の人生の役に立たないものには、近づかないほうがいいということです。

芸能人のスキャンダルも、ややこしいトラブルも、殺人事件の詳細も、自分の人生に果たして役に立つのでしょうか？　むしろ、そういうニュースを目や耳にしてしまうことによって、**何か良くないものが潜在意識に刷り込まれていってしまう**気がします。どんどん気持ちがネガティブになっていきます。

私はセミナーや講演のある日は、その手のものを絶対に見ません。気分が引きずられてしまうからです。

沈んだ気持ちで仕事をしても、うまくいくとは思えないからです。また、お金の運用も同じです。ネガティブな気持ちの人のところに、お金がやってくるとは思えません。

だから、悪しき習慣は持たないほうがいい。私はそう考えています。

お金持ちのSNS活用術

もちろん、テレビの中にもいいものがあります。私自身も出演させてもらった「カンブリア宮殿」など、ビジネス系で優れた番組もたくさんあります。その意味でも、選んで見ればいいのです。また、時間を決めて見ればいいのです。

一方で最近では、テレビ以上に中毒になってしまっているのが、スマホかもしれません。ネットサーフィンやSNSにハマってしまって、四六時中、スマホを手放せない、絶えず眺めているのがクセになってしまっているという人も少なくありません。

スマホに関しても、基本的にはテレビと同じだと思っています。**コンテンツを選ぶ**。そして、**時間を制限**する。

人間は怠け者で、どうしてもスマホに手が伸びてしまうもの、現実から逃避してしまいたいもの。それがしっかり認識できていれば、選んだり、制限したりできると思います。

ただ、**スマホがテレビと違うのは、膨大な量のコンテンツの中から、自分が知りたいものをチョイスできること**です。これは、テレビとの違いであり、スマホの大きな魅力です。

私自身、メッセンジャーも含めて、スマホを仕事でフル活用しています。フェイスブックにも投稿しますし、「ビジネスインサイダー」「フォーブス」などビジネス情報をインプットするツールとしても活用しています。

SNSも賢く使えます。ツイッターやフェイスブックも、気になる人たちが私の知りたいテーマについてどんな発言をしているか、コメントをしているかを見ることによって、自分の判断に活かしていくことができます。

また、YouTubeは「仮想通貨とは何か」といった調べ物をしたり、テーブルマナーなど日常的な情報の収集にも使えます。

スマホはうまく使うことで、大きな武器になります。その意味において活用することです。

そしてここでも、ネガティブなニュースに引きずられないこと。自分の人生の役に立たない情報で、時間を無駄にしてしまわないことです。

Action

ネガティブなニュースには近づかない。

Keyword

10

リッチな体験をする

お金に強い人は、リッチな体験を大事にする
お金に弱い人は、リッチな体験から目を背ける

お金に強いかどうかは、コーヒーを飲む場所でわかる

お金を貯めないといけない。お金を増やさないといけない。そのためには、お金は

できるだけ使わないほうがいいのではないか……。

そんなふうに感じている人もいるかもしれませんが、それは違います。

むしろお金に強くなれた人は、お金をしっかり使います。決してケチケチするのではなく、むしろ**リッチな体験にお金を使います。**

大事なことは、無駄なことにはお金を使わないということです。そこに価値があると思えば、たとえ高額でもお金は使うのです。

例えば、投資アカデミーを見ていて思ったのは、この傾向です。

お金に強い人は、ホテルのカフェラウンジに行く
お金に弱い人は、街の安いコーヒーショップを好む

決して街のコーヒーショップを否定するわけではありませんが、ではホテルのカフェラウンジと、どちらが心地よい時間が過ごせるかと聞けば、どうでしょうか?

ゴージャスな空間に丁寧なサービス。高級なコーヒーカップに、重厚なソファ。そんなホテルのラウンジのほうが心地よいと思う人が多いはずです。

ただし、ホテルの場合は、街のコーヒーショップの何倍もお値段が張ります。それでも、お金に強くなれた人はホテルのカフェラウンジを選ぶのです。

お金持ちがビジネスクラスに乗る理由

また、これは私もそうですが、長時間のフライトではビジネスクラスを使います。家族で旅行に行くときも、私だけがビジネスクラスに乗って、家族はエコノミーに乗るなんてことはしません。家族もビジネスクラスで行きます。

なぜなら、とても快適だからです。空港では、落ち着いたラウンジでゆったりと過ごすことができます。食事も用意されていますから、フライトの前に軽く食べることもできます。

機内では、ゆったりした空間が広がっています。シートもエコノミーとはまるで違いますし、足元もとても広い。だから、眠っていくにもラクチンです。そしてもちろん、食事もワインも違います。

それなりの費用はかかるわけですが、長い移動時間を窮屈でつらい思いをして過ごすか、快適に気持ち良く過ごすか。そこに価値があると思えば、お金は出し惜しまないのです。

そのぶんお金を貯めるという選択肢もあるかもしれません。

しかし、こうやって必要だと思うときには、思い切った使い方をすることが、大きなエネルギーを与えてくれるのです。なぜなら、大きな快適さを手に入れることができるからです。

お金に強くなれる人やお金持ちは、そういうことをよくわかっています。

自分の喜ばせ方を知る

例えば、夫婦で高級なレストランに行くとします。

リーズナブルなものこそ価値があると考えている人には、何万円も使って夫婦で食事をするなど、考えられないことのようです。

しかし、お金に強くなれた人はよく知っています。高級レストランでの食事は、すばらしい体験になることを。味はもちろんのこと、店の雰囲気、テーブルや椅子、食器さらにはサービスに至るまで、一流のものを味わうことができます。それは、本当に心地よい体験なのです。

そして、こういう体験が「仕事をもっと頑張ろう」「もっとお金を増やして、もっと食べに来よう」というモチベーションにつながっていくのです。

結局、私はこういうことだと思っています。

お金に強い人は、自分の喜ばせ方がうまい
お金に弱い人は、自分をうまく喜ばせられない

「快適だから」「心地よいから」と毎日のようにリッチな体験をしてしまったら、お金はまったく貯められませんし、増えません。また、高級なお寿司も、毎日食べていたら飽きてしまいます。

だから、お金に強くなれた人は、「ここぞ」というときに自分にご褒美をあげるのです。しかも、**ケチケチしたご褒美ではなく、リッチなご褒美をどーんとあげる**。見栄のためにお金を使うのではなく、自分のためにお金を使う。

あえて、ここぞというときにリッチ体験をすることで、よりインパクトのある出来事にしているのです。

リッチ体験から目を背けるデメリット

ところが、お金に弱いままの人は、残念な行動を取ってしまうことが少なくありません。「お金がもったいない」「お金を手元に置いておかねば」とそうしたリッチ体験から目を背けようとするのです。

もったいないから、ホテルのカフェラウンジではなく、安いコーヒーショップでいい。もったいないから、ビジネスクラスなんかに乗るよりも、エコノミークラスでいい。もったいないから、高級レストランではなくて普通のレストランでいい。だから、リッチなご褒美の心地よさがわからない。リッチになるためのモチベーションがわかない。

私が残念なのは、リッチな体験をしようとしないことです。**その体験をしなければ、快適さや心地よさ、すばらしさは見えてきません。**

ところが、自分の世界ではないとばかりに目を背けようとします。自分が経験してきた世界以上のものは見たくないと考えるわけです。

言葉を替えれば、ホテルのカフェやビジネスクラスや高級レストランは、お金持ちの世界と言ってもいいかもしれません。お金持ちになれば、当たり前のようにそういう世界に出入りすることになるのです。それが、日常になっていくのです。

お金に強くなれた人は、そのことがよくわかっているのです。だから、それを味わいに来る。**それを日常にするべく、イメージを膨らませる**。この世界にやってきたいというモチベーションを高める。

しかし、そんなリッチ体験すら、お金に弱いままの人たちはしようともしないのです。

それで果たしてこの新しい世界に馴染めるかどうか。その世界が呼んでくれるかどうか。

リッチな体験をすることが大事なのは、その体験そのものに価値があるからです。こういう世界に来たいという気持ちを盛り上げてくれるからです。お金を使うに足る意味が十分にあるのです。

ただし、毎日おいしいものを食べればいいわけではありません。時々でいいのです。むしろ、時々だから、その体験はより強烈なものになるのです。お金持ちに限って、普段は質素に暮らしていたりします。贅沢《ぜいたく》はしません。無駄遣いしません。

しかし、するときはとびきりの贅沢をします。このご褒美のうれしさを、よくわかっているのです。

毎日、イメージトレーニングをする

「思考は現実化する」という言葉があります。思ったことがすべて現実になるなど、絵空事のようにも思えますが、あながち否定はできないと私は思っています。

「こんなふうになってみたいなぁ」と思っていると、間違いなく、その方向に進んでいきます。なぜなら、**意識が行動を変えていくことになる**からです。

ただ、意識がぼんやりとしたものだと、なかなか前に進むのは難しいでしょう。行動を変えていくほどのものにもなっていきません。

しかし、例えば、リッチな体験をすることで、より具体的なイメージを膨らませられるようになったとしたら、どうでしょうか?

高級ホテルに宿泊してみなければ、高級ホテルのすばらしさはイメージすることができません。それは、**体験するからこそ、具体的なイメージにできる**のです。ここにまた泊まってみたい。日常的に泊まれるようになってみたいとなるわけです。

だから、いろいろなリッチ体験の意味があるのです。

それは、「こうなってみたい」というイメージを、より具体的なものにしてくれるのです。そして、お金に強くなれた人は、それを日常的にやっているのです。

お金に強い人は、イメージトレーニングしている
お金に弱い人は、イメージトレーニングをしていない

私が投資アカデミーや自分の講演で勧めていることがあります。

それは、寝る前に2分間、瞑想《めいそう》をすることです。自分がどんなふうになっていたいのかをイメージトレーニングするのです。

自分の勝手なイメージですから、好きなものを描けばOKです。こんなことをして

いる自分。こんな家に住んでいる自分。こんなホテルに泊まったり、こんな旅行をしていたり、こんな食事をしている自分。こんなパートナーと幸せを描いている自分。それを、とことん描くのです。

お勧めは、**毎晩、寝る前に2分だけ瞑想する**こと。イメージすること。そのイメージを膨らませ、より大きなものにするためにも、時々リッチ体験をすることが意味を持ってきます。その体験が、またイメージを膨らませてくれます。

たった2分です。でもそれは、人生を大きく変えていく大切な時間なのです。

Action

毎日2分、瞑想してイメージトレーニングする。

世界三大投資家

ジム・ロジャーズ
シークレット・インタビュー

Secret Interview
Jim Rogers × Sachin Chowdhery

世界三大投資家の一人と言われるジム・ロジャーズさん。この本は、ジム・ロジャーズさんとの出会いからインスピレーションを受けて生まれています。

そこでジムさんに、ぜひインタビューさせてほしいとお願いをしたところ、快く引き受けてくださいました。

めったにお話をお聞きすることができない人であることは間違いありません。シンガポールにある、大きなプールのある豪邸で行なったジム・ロジャーズさんへのシークレット・インタビュー。ぜひお楽しみください。

株と債権の違いもわからないところからスタート

サチン◉金融の世界でたいへんな実績を上げてこられました。ジムさんは、どうしてこの世界に入られたのでしょうか?

ジム◉私はアメリカ南部にあるアラバマ州の小さな村で育ちました。幼い頃から学校と勉強がとても好きでした。奨学金をもらい、遠く離れたニューヨークの有名な大学に行くことができました。

大学では、多くの若者がそうであるように、進路に迷っていました。法科大学院に行こうか、それとも医学部に行こうか、もしくはビジネススクールに行こうか。そんなとき、これは本当に偶然だったのですが、サマージョブでウォール街に行くことになったのです。

私はウォール街の仕事について、何もわかっていませんでした。株と債権の違いもわからなかったほどです。ところが、ここで知り合った人たちと仲良くなって、仕事の体験をしていくうちに、心を奪われたのです。

自分が大好きな世界や世界情勢について学び、将来の予測をしていくと、私にお金を払ってもらえる。こんなすばらしい仕事があるのかと思いました。

これは大きな衝撃でした。なぜなら、私には仕事をしているという意識すらなかったからです。ただ毎朝飛び起きて、自分が大好きなことをやっていただけだったのです。

とても興奮しました。もう他の選択肢は考えられませんでした。貧乏な幼少時代でしたから、たくさんお金を稼ぎたかった。いい仕事をすれば、それなりのお金は得られると思っていましたが、楽しいことで大きなお金が得られることがあると知ったのです。

就いた仕事を好きになろうと努力してようやく好きになったのに、人間関係や会社の業績がうまくいかず悩んでいる人に、仕事に関してアドバイスを求められると、私はいつもこう申し上げています。「自分の情熱を注げることにこそ、仕事にしなさい」と。

情熱を注げることを仕事にしている人は、仕事をしている、もしくは働かされているという感覚がまったくないのです。やりたいことに情熱を傾けているだけなのです。そういう人は、成功しようがしまいが、とても幸せそうにしています。

サチン◉その後、大きな成功を手にされるわけですが、その最大の要因は何だとお考えですか？

ジム◉手痛い失敗をしたことです。ウォール街で自分で仕事を始めたとき、私の手元には日本円にすると6万円ほどしかありませんでした。投資については、何も知りませんでした。でも、この仕事が好きだということはわかっていました。

投資するために可能な限りお金を蓄えて、いいと思った何かを見つけたら投資するようにしました。

最初の2年くらいはとてもうまくいきました。たくさんのリターンを得ました。これは簡単だと私は思いました。他の人が損失を出しているときに、私は大きな利益を得ていたのです。私は、自分のことを賢いと思ってしまったのです。

4カ月後、私はすべてを失っていました。ゼロからやり直さなければなりませんでした。でも、これがとてもいい教訓になったのです。どれだけ自分がマーケットについて知らなかったか、自分について知らなかったか、学ぶことができました。

たくさん学ばなければいけないこと。しっかりお金を蓄えること。正しいものを発見するまで待って投資をすること。私はそれを、失敗から学んだのです。

しかし、すべてを失うこと、失敗することは、何も悪いことではないと思っています。そこから学んでいけば、それはたいてい良いことになるのです。ただ、失敗するなら、できるだけ若いときにしたほうがいいでしょうね。

危機を察知するときは、ココの変化を見る

サチン◉イギリスがＥＵから離脱したり、多くの人が予想もしていなかったトランプ政権がアメリカで誕生したり、世界は大きく揺れています。これから危機が訪れるという人もいます。それはどのように察知すればいいでしょうか？

ジム◉イギリスは一例に過ぎないでしょう。これは始まりに過ぎません。アメリカ大統領は、選挙中からさまざまな国に貿易戦争を仕掛けると宣言していました。対象は中国やメキシコ、日本も例外ではありません。これが行なわれたときには、アメリカも含めてとてもまずい状況になることが予想されます。

私たちが確認できているのは、ほとんどの人たちが歴史をしっかり学んで、それを活かすことができていないということです。きちんと知識や教養があり、学んでいる人たちでさえ、今回だけは違う、あるいは、自分たちだけはそこからうまく抜け出せるだろうと考えてしまう傾向があります。

歴史をきちんと見ればわかるのは、貿易戦争が始まったときに、勝者になる人は誰もいないということです。必ず破綻もしくは破産という、ひどい状況が待っている。トランプ大統領が選挙中に言ってきたことを有言実行するのは、極めて危険だということです。

危機を察知するときには、それが企業であろうと国であろうと、サプライズのようなものを見ていくことです。

とりわけ「通貨市場」を見ていく。つまり、為替です。

なぜなら、多くの場合、シグナルは通貨のマーケットで始まるからです。そして、債権市場です。金利が上がっていく。株式市場ではなく、通貨市場と債券市場です。ここに大きな激しい変動が見られたら、懸念をすべきです。金利が上がってきたら、注意をすべきです。多くの企業に問題が起こります。始まりは、思っても見ないような国や企業からです。しかも、それが雪だるま式に大きくなっていくのです。

サチン◉一方で、成長著しい元気な国もあります。これから有望な国には、どんな特徴があるとお考えですか？

ジム◉成長している国、成功している国は、常に扉を開けています。私が今、住んでいるシンガポールもそうです。シンガポールは、彼らが認める成功者に来てほしいと頼みました。頼み続けて、とても成功した国になりました。この40年で最も成功した国だと言っていいでしょう。

すぐ近くにミャンマーという国があります。かつてはビルマと呼ばれていました。1962年、ビルマはアジアで最も裕福な国でした。ところが、国を閉ざしてしまった。そして50年後、ミャンマーはアジアで最も貧しい国になってしまっています。

ミャンマーはまた変わろうとはしていますが、扉を開き、移民を受け入れることは、いつも国にとって良い効果をもたらします。国には、新しい頭脳やエネルギー、アイディアや新しい資本が必要です。

歴史の中で扉を閉ざした国は、50年後、100年後に苦しみます。しかし、閉ざした張本人たちは、とっくの昔に亡くなってしまっています。100年後の国を考えてみると、今、何をすべきかは明らかなのです。シンガポールは、人々に頭を下げて入国をお願いした。ビルマはまったく反対でした。他にも同じような例はたくさんあります。

ただ、忘れないでほしいのは、「投資家は低額で買う必要がある」ということです。シンガポールは、住むにはとても良い場所ですが、もはや低額ではありません。投資家なら、低額のミャンマーのほうがいい。

過去50年でどん底まで落ち、物価がとても安い。資源が豊かで、タイや中国のような近隣諸国がある。そして何より今、彼らは変わろうとしている。たくさんの変化があった国は、それが戦争であれ何であれ、大きく成長する可能性が高い。

そういえば、ミャンマーは証券取引所を開きましたね。

扉を閉ざした国は、急降下する

サチン◉日本については、どのような見方をされていますか？

ジム◉日本は私がとても好きな国です。それは自分の本でも書いていますし、世界中の人たちにも伝えていますし、日本人にも言っています。

しかし、日本で起こっていることは、決して良いことではありません。

日本は人口が減ってきています。歴史上で初めて減っているのです。そして債務はどんどん増えている。子どもを増やすか、移民を増やさなければ、人口は減っていくばかりです。債務も減らない。とても懸念している状況にある。

そしてさらに心配なのは、その状況が変わる兆しがないということです。このままだと、残念な未来が待っているしかない。

50年後にはもうお寿司が食べられなくなるかもしれません。それはとても悲しいことです。しかし、歴史の中で繰り返されてきたことでもある。扉を閉ざした国は、急降下するんです。日本は歴史に学ばないといけません。

私は日本のETFに投資しています。どれくらい持ち続けるかはわかりません。もし日本の株式市場について、もっと自信を持つことができれば、日本にもっと投資をするでしょう。

日本の株式市場は、歴史的な高値から5割ほどの水準です。アメリカはとても高値になっていますから、比較をすると、日本の株は割安であるともいえます。もし、最高値に戻れば2倍近くになるわけですから。そうなると示唆しているつもりはありませんが、そうなっても不思議ではないというのも事実でしょう。

ただ、それは「楽観的な状況が見えてくれば」の話です。日本銀行は多くのお金を刷っており、多くの株を買っています。それは日本にとって良くないことです。

サチン◉日本では2020年にオリンピックが控えています。そこに期待している投資家もいます。

ジム◉歴史を振り返ってみると、オリンピックからたくさんのことを得て、遺産のようなものを残せた国は、それほど多くありません。国や会社が、継続的にオリンピックから何かが得られるとは考えられない。

オリンピックが好きなのは、政治家です。自分たちの友人に見せびらかしたいし、テレビに多く映ることができる。しかし、オリンピックは経済にたいした効果をもたらさないと歴史は示しています。

インフラや施設を建設する人々はとても幸せですし、ホテル経営者も2カ月程度はゴキゲンでいられます。しかし、オリンピックに関係する特定の地域を除いて、経済の刺激にはそれほど役立ちません。

オリンピックがあることは、誰でも知っていることですから、それ自体、何ら特別なことでもない。

私はオリンピックに関係なく、日本の観光には注目しています。円安になっていますし、中国がよりオープンになってきている。中国人が国外にお金を持ち出すことも容易になり、円安で安いとなれば、日本に来るのは当たり前の流れでしょう。何より日本はホスピタリティがすばらしい。これは、オリンピックには関係なく、です。

始めるべきは、自分の知っているところから

サチン◉今度、出る本（本書のことです）では、株式投資など、投資の経験のない初心者もたくさん読むものになると思います。初めての人に、アドバイスはありますか？

ジム◉とてもいい質問をいただきました。

まず言いたいのは、投資はしないほうがいいということです。知らないときに投資をしてはいけない。「まずは、勉強しましょう、学びましょう」と伝えたいですね。

その間は、貯蓄をしてください。お金を貯めていくのです。私の言うことも聞く必要はありません。誰の言うことも聞かない。テレビのことも信じず、新聞を読んでも信じない。まずは、投資についてしっかり勉強してください。

そして始めるべきは、自分の知っているところから、です。誰でも、何かについてよく知っている、ということがあるはずです。ファッションかもしれない。車かもしれない。スポーツかもしれない。

だから、そこから始める。ファッションに詳しい人ならファッションについて、いろいろなことを知っているはずです。そこから、さらにファッションについて勉強する。インターネットで調べる。そうやって知識を増やしていく。

そうすると、ファッションに関して何かいいことが起きるということが、他の人たちよりも情報としてわかるようになっていきます。そこから投資を始めるのです。

それまでは貯蓄をする。そして、自身で詳しいもの、すでに知っている領域について勉強を深める。そうやって、いいことが起きそうなところを見つける。ポジティブなことが起きそうだということを自身で理解することができたら、いよいよ投資を考える。

絶対にやってはいけないのは、よくわからないものに手を出してしまうことです。

「誰かが言ったから」とか、「何かに書かれていたから」とよくわからないのに手を出すと大変なことになります。たとえ、私が「これを買え」と言ったとしても、です。それは、ひどい投資のやり方です。おそらく大きな失敗をするでしょう。

多くの人は、「これをやるとうまくいく」と人に言ってもらいたいのです。しかし、誰からも情報をもらうべきではない。自分自身に従わなければなりません。誰もが簡単な方法を求めますが、簡単な方法などありません。

若かったときも、歳をとってからも、私が間違いを冒すときはいつでも、誰かの言うことが気になったり、自分が十分に知らなかったり、十分に勉強をしていないときです。

落ち着いて下調べをして、万事心得るまで待つことです。誰もが早く投資をやりたがります。大金を手に入れた人々のことをネットで調べたりします。でも、大金を失った人々のことは多くの人が調べない。

ですから、恐れを持ち、下調べを怠らず、その間はお金を節約して、準備万端になったときに、少しでも多くお金を持っているようにすることです。そこから、さらに下調べをして、投資をスタートしてください。

情報は、テレビに出る前に知る必要がある

サチン◉では、情報の収集はどのようにすれば良いでしょうか？　やはり、テレビのニュースをご覧になっているのですか？

ジム◉ニュースは見ません。ニュースを見ても、多くのことを学ぶことにはなりません。テレビニュースはエンターテインメントだからです。ほぼ世界のどこにおいても、です。マスコミは人々を視聴させてお金を得ています。人々に物事を教えるためではなく、人々を楽しませるために情報を提供しているのです。

もちろん、学ばなければなりませんし、私も時々はネットでニュースを見ますが、たいてい時間の無駄です。本当の情報源を得なければいけません。ちなみにテレビを私は持っていません。ここにはテレビはありません。

情報は、テレビに出る前に知る必要があるのです。テレビに出るときまでに行動している必要があるのです。情報源、情報を手に入れる場所がある。近頃は、インターネットで何でも手に入ります。

探したいどんなテーマでも、どんなに深くても、熱心にやれば、インターネットで情報を見つけることができます。人々、会社、国々を尋ねることができます。あなたが知りたいと思うことを見つけることができます。

しかし、それは簡単なことではないというのも事実です。お金持ちになるのが簡単であればいいのですが、それは違う。お金持ちになるのは簡単ではない。努力が必要です。

ちなみに家では、だいたいの時間、BBCラジオをつけています。世界で起きていることを知りたいからです。何かを調べたり、考えたりする場合は、インターネットから始めます。かつては新聞や雑誌、実際の訪問からでしたが、今はインターネットからです。

もし、日本の中央銀行で何が起きているか、関心があるなら、インターネットを使います。スイス中央銀行の場合も同じです。かつては、本やリサーチ、年鑑、商品に関するものを手に入れて、統計などを見たり、電話で聞いたりする必要がありましたが、最近はインターネットで済んでしまいます。

しかし、それは簡単という意味ではありません。情報を見つけるのは難しいですが、たいてい見つかります。

日本の人々には、世界で何が起きているかを学び、豊富な知識を身につけるために、時間をかけてほしいと思います。豊富な知識を備えていれば、自分自身を助けることができるからです。

特に、世界の他の地域についてもっと知る必要があります。

歴史的な理由もありますが、日本人はとても閉鎖的です。それは必ずしも悪いことではないし、日本がすばらしい国である理由の一つなのかもしれませんが、現代では老いも若きも世界で何が起きているかを知ったほうがいいのです。将来の自分自身に、とても大きな影響を与えることですから。

将来もっと多くの機会が十分にある

サチン◉ビットコインなど、新しいものに世界は今、熱狂的になっていますが、これについては、どうですか?

ジム◉私は違いますが、そのようですね。一部の人々は、大金を手に入れています。私はそうではありません。しかし、今後、そうなりたいと願います。

何かが大きく値上がりするときはいつでも、私たちはみな、それを買っておけばよかったと思います。でも、何かが大きく値下がりするときは、それについては考えません。しかし、大きく値上がりするものには、我々は注目してそう望むのです。

これは私もそうだったということです。もうそうではありません。乗り遅れたとしたら、そうなのでしょう。でも、別に世界の終わりではないのです。

私は、将来もっと多くの機会が十分にあるとわかっています。心配する必要はありません。もし何かを逃しても、さらにずっと多くのものがあるのです。

ただ、そのチャンスを得るのは簡単ではありません。みなさんに知っておいてほしいのは、誰もがインターネットや新聞を読み、こう言うことです。

「私にもできただろう。簡単なようだ」

しかし、それは簡単ではないのです。お金持ちになるのは簡単ではないのです。どのような方法でお金持ちになりたいのかにかかわらず、集中して自制心を持つ必要があります。ところが、多くの人がそうすることを嫌がります。

そしてもし成功するのであれば、失敗もすることになるでしょう。しかし、間違いは良いことにもなる。間違いから学ぶことができるからです。それは成功につながります。

子どもに中国語、マンダリンを教えるべき

サチン◉ジムさんには、2人のお子さんがいます。日本でも子どもの教育には関心を持っている人がたくさんいますが、教育方針はどのようなものですか？

ジム◉これはいろいろな国で話していますが、私が勧めているのは、子どもに中国語、つまりマンダリン（公用語）を教えるべきだということです。なぜなら、中国が21世紀では最も重要な国になると思っているからです。

19世紀はイギリスの時代、20世紀はアメリカの時代、21世紀は中国の時代になると私は考えています。それは好むと好まざるにかかわらず、そうなっていくことだと思っています。

ですから、私は子どもにマンダリンを覚えてほしくてシンガポールに引っ越してきました。そのことによって、子どもたちはアジアがわかり、マンダリンを話すことができるようになると考えました。

本当は東京に住みたいのですが、日本人は中国語を話しません。中国語を話す国に引っ越す必要があったので、シンガポールに決めたのです。そして、インターナショナルスクールではなく、シンガポール政府の学校に通わせました。

ネイティブスピーカーのように話したいなら、それをどうしても話さないといけない場所にいないといけないと思っていました。しかも9歳、10歳となると、その言語を話すことを拒否します。上の娘は4歳のときにやってきました。今は中国語がとても流暢《りゅうちょう》です。もう1人の娘は、シンガポールで生まれました。

サチン◉お金のことについても、教えていますか？

ジム◉まず、貯蓄の大事さを教えたいと思いました。

そこで彼女たちには6つの貯金箱をあげています。米ドル、シンガポールドル、日本円など、さまざまな通貨の貯金箱です。いろんな通貨を貯金できるようにしたのです。

そうすれば、通貨について理解しなければいけません。そして貯金することを知り、学ばなければいけません。銀行の利子についても教えました。より多く預けると、より多く利子がもらえることを学習しています。

上の娘があるとき、バービー人形を欲しいと言いました。私は、「いいよ、自分の貯金から出して買いなさい」と言いました。2、3年して、彼女は、自分よりも妹のほうが多くお金を持っていることに気づきました。

私は、「君はバービー人形を買うためにお金を取り出したことを覚えているかい?」と話しました。彼女はひどくそれを後悔しましたが、とても良い授業を受けたことになりました。バービー人形を買うのにお金を使えば、他の人よりお金が減ってしまうと学んだのです。

そのバービー人形を、娘は最後に妹にあげました。バービー人形では遊ばない歳になったからです。彼女の妹にはバービー人形があり、さらに自分よりも多くのお金がある。そのことを私は彼女に思い出させました。しかし、それで良かったのです。大きなレッスンでした。

妹は、お金も持ち、バービー人形も手に入れました。チャンスを利用するということを人は学ばなければなりません。誰が知っているのか、いつ起きる可能性があるのか、それはお金を節約することになるのか。

消費と節約は違います。節約することでお金は増えていく。これも学びです。

14歳になったら、仕事を得なさい

サチン◉上のお嬢さんはすばらしい経験をしたのですね。

ジム◉そして私は、娘たちに「早く仕事を得なければならない」とも話しました。「14歳になったら、仕事を得なさい」と。下の娘はまだ9歳ですが、上の娘は14歳になりました。

私は、彼女はマクドナルドかどこかで、時給8ドルの仕事を見つけてくるだろうと思っていました。ところが、違いました。彼女は私よりも賢かった。子どもたちに中国語を教える仕事を得て、時給20ドルを稼いでいるのです。14歳で時給20ドルです。驚きました。

彼女は自分をよくわかっていたのです。彼女は中国語をとてもうまく話せる。シンガポールで最高レベルです。そして彼女は中国語が好きで、小さな子どもたちに教えるのが好きなのです。

彼女は、自分がうまくできて詳しいことを見つけ出し、それを仕事に変えたのです。私が、「学ぶために仕事を得なさい」と話したからです。仕事では、言われたことをしなければなりませんし、時間どおりに来なければならないし、何もせずただ座っているわけにはいかないということが学べます。何もせずにお金持ちにはなれないのです。

何かをしなければなりません。14歳というのは、そういう歳です。若い人は、自分が何を知っていて、何が好きで、何に関心があるのか、見つけ出さなければいけません。お金を節約することを学ばなければいけません。

お金は空から降ってきませんので、仕事で得なければなりません。それは、早いうちに知っておいたほうがいい。お金が何であるか、仕事が何であるか、わからない大人になってほしくないのです。

サチン◉では、お金を得るための仕事というものと、どう向き合っていけばいいでしょうか?

ジム◉それが何であっても、何歳であっても、最も良いお金を得る方法は、好きなことをすることです。もし、私がある人に「きっとうまくいくからピザレストランを開くべきです」と言っても、「ピザには興味がありません」と言われたら、それまでです。実際、それでいいのです。

それぞれの人が、好きなこと、やりたいことをやるべきなのです。もし私が、お金を得るためのすばらしい方法を教えても、それが好きでそれについてよく知らない限り、興味を持つことは難しいと思います。それではうまくはいきません。

そして、何もせずにすぐにお金持ちになりたい人々がいたとしても、それはうまくいきません。その仕事を熟知していて、一生懸命に働く意思を持っていない限りは。

ウォーレン・バフェットは、資産の大部分を、60歳を過ぎてから手にしました。彼は人生でずっと投資をしてきましたが、人生の後半で最大の成功を収めたのです。だから、誰でもその可能性はあるのです。

イギリスの首相だったウィンストン・チャーチルは、70歳を過ぎてから首相になりました。年齢に関係なく、好きで詳しいことを見つけたら、成功を収めることができます。しかし、好きでもなくよく知らないことは、どうか行なわず試してみることもしないでください。

仕事は好きであるべきだし、詳しくあるべきです。始めるときには詳しい必要はありませんが、十分に情熱があれば、学ぶでしょう。しかし、ピザが好きでもないなら、ピザレストランを開こうとはしないでください。
好きなことなら、すでに知識があるのです。興味を持って、ネットで調べていたりするのです。それだけでも、大きなアドバンテージなのです。

お金が欲しかったのではなく、自由が欲しかった

サチン◉最後に、ジムさんはどうして投資をするのでしょうか？　そして、投資で一番大切なこととは、どんなことでしょうか？

ジム◉私はお金を持つためにお金が欲しかったのではありません。自由が欲しかったのです。自由を買いたいと常に思っていました。それが重要でした。
実際、宝石や立派な時計を今も私は持っていません。欲しいのは、自由だから。そして、投資の仕事が、私の好きなことだからです。

世界で何が起きているのか、将来何が起きようとしているのかに、とても興味があったのです。好きな投資を行なうことで、お金をもらえる場所を見つけたのです。そして、驚いたことに、うまくやればたくさんのお金がもらえる場所だった。私にとっては、本当に完璧な場所でした。

投資は、私のやりたかったことのすべてなのです。だから、好きなことを見つけてください。他人がなんと言おうと、それが好きなら、それをやるべきです。そうすればおそらく成功するでしょう。たとえ成功しなくても、問題ではありません。幸せになれるから。幸せであれば、成功しているか、していないかなんて、気にならないのです。

そして投資で大切なこと。それはあきらめないことです。継続して、ずっと続けることです。忍耐を持って継続することです。これは今、私の子どもに教えていることでもあります。根気強く、粘り強く取り組む。

私は若いときに、これを学びました。「継続は力なり」なのです。最初に失敗してしまっても、何回もトライする。あきらめない。私もあきらめませんでした。それで成功することができた。

高い教育を受けた賢い人たちが成功しているとは限りません。実際、ウォール街には、大学を出ていない人もたくさんいました。賢い人が必ずしも成功者とはなっていない。また、才能のある人が必ずしも成功しているわけでもない。美貌《びぼう》を持っている人たちが成功しているとは限りません。

成功の要素が一つあるとすれば、「やり抜いてあきらめない」ということです。まわりを見渡せば、そのことに気づけるのではないでしょうか。

忍耐強く、根気強く続けていくことです。あきらめない。失敗しても、恐れず前を向いて進んでいく。それが一番大事です。

第3章

「学び」を変える

——「わからない」が変わる

Keyword

11

素直に学び続ける

お金に強い人は、お金の学びに投資する
お金に弱い人は、お金の学びに投資しない

スポーツでも仕事でも結果を出す人の共通点

お金に強くなれた人と弱いままの人は何が違うのか。投資アカデミーで強く実感したのは、お金について学んでいるかどうか。しかも、素直に学んでいるか。さらに、それを継続しているか、ということでした。**「お金に対して、素直に学び続ける」**ことができているかどうかです。

考えてみれば、当たり前のことかもしれません。例えば、ゴルフがうまくなるためには、誰でもゴルフの練習をします。ゴルフについての本や雑誌を買って学んだり、実際にゴルフの練習場に行って打ってみたり、ラウンドをしてみたり。

これはどんなスポーツでも、楽器でも、仕事でも同じです。最初から詳しい知識があるわけはないし、いきなりうまくできることはありません。天才と呼ばれている人たちだってそうです。

最初は誰でも、学びから入ります。そして、練習をしていく。経験を積み重ねていく。そうやってどんどんうまくなっていくのです。

ところが、どういうわけだか、お金については、その発想が抜け落ちてしまいます。**何も学ぼうとせずに、できると思ってしまう。〝練習〟しなくても、いきなりできると勘違いしてしまう。**いきなりプロのようなことをやろうとしてしまう。

これでは、うまくいくはずはないのです。

お昼の弁当代で買える学び

私のまわりのお金持ちの人たちは、みんなとてもよく勉強しています。お金についてとても詳しい。金融商品にも詳しいし、マーケットにも詳しい。そして、それを継続しています。

彼らに共通しているのは、**「お金を得るには勉強が必要だ」**という強い認識であり、同時に**「お金について学ぶにはお金が必要だ」**という、これまた強い認識です。

逆に、お金に弱いままの人たちに共通しているのは、お金についての勉強をしていないこと。お金に対しての勉強にお金を使わない、使おうともしないということです。

お金に強い人は、お金の学びにお金を使う人
お金に弱い人は、お金の学びにお金を使わない人

何かを学ぼうとするときには、多くの場合、お金がかかります。お金に強くなれた

人は、それがわかっているので、そのお金を惜しみません。

高いお金を払う勉強だけではないのです。例えば、本を1冊買うことだっていい。お昼の弁当代くらいの値段で買えてしまう本だってあります。電子書籍は、紙の書籍より安いですから、単行本も安く買える。

それこそ1回飲みに行くことを考えれば、何冊、本が買えるでしょうか。有意義な飲み会ならまったく否定はしませんが、なんとなく行くような飲み会なら、それで本を買ったほうがいいかもしれません。もしかしたら、その1冊が人生を大きく変えるかもしれないのです。

仕事が忙しくて学びの時間がないという人も少なくありません。しかし、忙しいのは、みんな同じです。学びに情熱を持っている人は、少しでも学びの時間をつくろうとします。それこそ、**朝10分でも15分でも本を読むというだけでも立派な勉強**です。

夜、寝る前に継続してお金について何かするというのも1つの方法。昼休みの時間を使うのもありでしょうし、通勤の時間を使うのもある。電車でスマホをいじっているくらいなら、本を開いたほうがいい。

お金について学ぶ時間は、わずかでも習慣化してしまうといいと思います。

学ぶときに一番大切なこと

私よりもお金に詳しい人はたくさんいます。彼らの多くが、お金持ちになって成功しています。しかし、そんな彼らも、今も学びを継続しています。

私は強く感じるのは、彼らの**素直さ**です。彼らは、**起きていることを認めて、素直に学ぶ**のです。

そして、**決して人のせいにしたりしない**。何かのせいにしたりしない。素直に受け入れて、また学ぼうとする。そして、もしうまくいったら、あれはたまたま運が良かったからだと謙虚な姿勢で受け止めて、また学び続けるのです。

逆に、お金に弱いままの人は、そうはなれません。だから、何かのせいにします。自分のせいではないと考えてしまうのです。

お金に強い人は、上がったらラッキーだと考える
お金に弱い人は、下がったら人のせいにする

うまくいく人は素直でいるから、人の話も積極的に聞きます。お金持ちはみんなオープンマインドなのです。**自分とは違うやり方をしている人の話にも、素直にかつ謙虚に耳を傾けます**。学ぼうとするのです。

「自分とはスタイルが違う」「あれはあの人だからうまくいっただけだ」「自分は自分のやり方さえ貫けばいい」なんてことは考えません。「いいものは、どんどんトライしていこう」と考えていくのです。

そして、まずは「練習」という意識を持っています。

ここで、「上がったらラッキー」という考え方が生きてきます。いきなり無理に大きなリターンを狙いにいかないのです。まずは練習期間が必要であることを知っているのです。

だから、自分の失敗からも学ぶことができます。そして、その**失敗からも学ぼうとします**。結果的に、同じ失敗を繰り返さなくなります。こうして、どんどん力をつけていくのです。

不景気やストレスのせいにしない

日本に来て驚いたことの1つに、「不景気」という言葉が頻繁に使われるということがあります。インドでは、不景気なんて言葉を使うことはありませんでした。日本ではあまりにも頻繁に出てくるので、何かのケーキの種類かと最初は思っていました。もう1つよく使われて驚いたのが、「ストレス」でした。ストレスで大変だ、ストレスのせいで調子が悪い、ストレスが大きい……。

やがてわかったのは、不景気もストレスも、都合のいい言葉として使われているということでした。

ビジネスの状況から職場や人間関係まで、いろいろなことがこの言葉のせいにできてしまうのです。言い訳になるのです。

そして、投資アカデミーをスタートさせて感じたのが、お金に弱いままの人からたびたびこれらの言葉が出てくることでした。

逆にお金に強くなれた人は、不景気やストレスという言葉をあまり使わない。それを言い訳や理由にしたりはしませんでした。

お金に強い人は、不景気やストレスのせいにしない
お金に弱い人は、なんでも不景気やストレスのせいにする

何かのせいにしない人は、それを自分のこととして受け止めます。だから、素直になれる。謙虚になれるし、学ぼうとする。そして、学んだことの大切さをよくわかっている。

ジム・ロジャーズさんも言っていました。「自分が知っていること、学んでいないこと以外のものに手を出してはいけない」と。お金は実は、すべては学びから始まるのです。

「投資には大金が必要」という思い込み

それこそお金についてちゃんと学んでいれば、投資というもののイメージも変わり

ます。「3000円から積み立てて株式投資ができる」なんてこともわかる。こういう気づきを早い段階で得た人は、お金に強くなっていきます。

お金についてちゃんと学んでいない人は、「**投資をするには、大きなお金がかかるのではないか」と思い込んだままの人も少なくない**のです。これでは、なかなか投資にも踏み出せない。お金に弱いままで、ずるずると時間だけが経っていってしまうのです。

お金に強い人は、3000円から積立投資を始める
お金に弱い人は、投資は大きなお金がかかると思い込んでいる

実際、投資アカデミーでも、初めて投資をスタートさせる人には、3000円でも5000円でもいいので、**積立投資**から始めてみることを提案しています。日本のE**TF**でも、アメリカの**S&P500**でも、小さく始められます。

いきなり大きなお金を投入することが投資というわけではまったくないのです。無理のない範囲で、小さなところからスタートしていけばいい。

大事なことは、**スタートをして少しずつ学びを深めていく**ことです。やってみて学ぶのと、やらずに学ぶのとでは、まったくその重みは違ってきます。

それこそ、値動きのある金融商品を購入するとき、毎月一定の金額を購入することで、値動きのリスクをヘッジできる「ドルコスト平均法」なんて話も、やってみると実感を持って受け止めることができます。

お金持ちになるには、近道はありません。地道にコツコツと勉強し続けること、それが必要なのです。

Action

まずは積立投資から始めてみる。

Keyword
12
リスクを恐れない

お金に強い人は、リスクをコントロールする
お金に弱い人は、リスクを避けようとする

リスクを避けるか？ コントロールするか？

お金についての学びが重要なのは、リスクについて理解をすることができるようになるからです。お金に強くなれた人とお金に弱いままの人の大きな違いに、「リスク

について「どれだけ理解をしているか」という点があります。

私自身、リスクについては、ぜひ知っておいてほしいと思うことがあります。端的にいえば、**「リスクのないところなど実はない」**ということです。これは、お金の世界に限らず、です。リスクをすべて避けることなど、できないのです。

例えば、自動車を運転する。自分がどんなに安全運転をしていても、無茶な運転をしている車にぶつけられるかもしれません。そのリスクは常に存在しているということは、誰にでもおわかりでしょう。それでも、そのリスクがあるから車を運転しないという人はほとんどいないと思います。旅行に行くのに飛行機に乗る。縁起でもないですが、飛行機が100%安全だと言い切れる人はいないでしょう。飛行機に限らず、新幹線だって、船だって同様です。もっといえば、通勤の電車で命を落とした人もいます。それこそ、乗り物に乗らなくても、歩道を歩いていても事故に遭わない保証はありません。もっと言ってしまえば、高級なお店で食事をしたはずなのに、食中毒に見舞われることもあります。何が起きるかわからないのです。

みなさんリスクを意識していないだけで、実はリスクだらけなのです。

お金が減らなくても、すでにリスクに直面している

にもかかわらず、お金の話になると、リスクには及び腰になってしまう人が少なくありません。お金をリスクにさらすのは嫌だ、減ったりするのは絶対に許せない……。

しかし、お金が減らなければ、本当にリスクには直面していないのでしょうか。

例えば、今や銀行に預金を入れても、0・0数%の金利しかつきません。お金はほとんど増えないといっても過言ではないでしょう。

一方で、世の中にはもっと高い利回りが期待できる金融商品があります。同じ100万円でも、銀行預金に入れたままにしておくのと、高い利回りが期待できる金融商品で運用するのとでは、10年で大きな差がついてしまっているかもしれない。

もっといえば、インフレに切り替わって物価が上がり、お金の価値が下がってしまったらどうなるか。実質的に、**お金は目減りすることになる**のです。

言ってみれば、**お金が増えないというリスクにさらされる**のです。じっとしているのも、実はリスクなのです。

もしお金について学びを深めてお金を増やすことができれば、このリスクには直面しないで済みます。だから、お金に強くなれた人たちは、こう考えます。

お金に強い人は、お金が増えるチャンスがあると考える
お金に弱い人は、お金が減るのは絶対に許せない

もとより、**リターンとリスクはセット**です。リターンを得ようと思ったら、リスクと向き合うしかありません。リスクを覚悟するから、リターンを得ることができるのです。リターンを得ようとするのに、リスクを避けることはできません。

だから、**リスクを避けようとするのではなく、リスクをコントロールしようとする。**

それを学びによって実現させようとするのです。

リスクのないところに、リターンはない

お金の話でリスクを理解しようとすると、頭で考えてしまうので、私はよくこんな

話をします。

自転車に乗ろうとするとき、最初は誰でも転びます。そうすると、痛い思いをするわけです。野球で投げるときも、最初は手が痛くなります。英語にはこんな言葉があります。


「No pain,No gain」


ところが、人間は何かをｇａｉｎしたいのに、ｐａｉｎは味わいたくないのです。しかし、次に楽しい思いをするには、最初に「ｐａｉｎ＝リスク」を覚悟することが大切になるのです。

逆に、ｐａｉｎがまったくないのに、あたかもｇａｉｎがあるかのように思える金融商品に出会ったら、注意をしなければいけません。それは、お金の原則に反するからです。**リスクがないのに、リターンがある商品はない**のです。

また、一見するとリスクがない、元本が保証されているように見えて、実はそうではない商品もあります。例えば、トラブルがたくさん起きている毎月分配型の商品もそうでしょう。元本はそのままに、毎月リターンが分配されていくというのが売り文句ですが、もしリターンが実現できなければ、元本から取り崩さざるを得なくなります。「元本を減らしたくない」「リスクにさらされたくない」と、お金に弱いままの人がたくさん購入しましたが、お金の原則に一致しないということに注意しなければなりません。

リスクのないところに、リターンはないのです。

なぜ投資信託を勧めないのか？

もう1つ、お金の学びをしっかりしておくと、「安易にまわりに流されなくなる」ということが言えます。例えば、「多くの人が買っているから」と簡単に手を出したりしません。

投資信託がその象徴的な例だと私は考えています。実際、投資アカデミーでお金に強い人からは、評価は高くありません。今では銀行でも扱っているメジャーな金融商品、投資商品になりましたが、彼らは買わないのです。

では、何を買うのかというと、ＥＴＦを買うのです。特定の指数、例えば日経平均株価やＴＯＰＩＸなどの動きに連動する運用成果を目指して、金融商品取引所に上場しています金融商品です。

お金に強い人は、ETFを買う
お金に弱い人は、投資信託を買う

ETFと投資信託との違いは、特定の指数に連動すること。ETFは、ファンドマネジャーが運用するわけではないことです。

私は、**多くの投資信託の問題点**は、ファンドマネジャーによる運用にあると思っています。彼らは会社員の運用者。実は、大きな運用成績を上げても、給料が跳ね上がるわけではありません。また、大きく下げても、給料が激減することはありません。

要するに、安定した立場でお金を運用しているわけです。これは、お金の原則に反します。リスクのないところに、リターンはないのです。リスクを取ろうとしないわけですから、運用成績は伸びていかない。にもかかわらず、先に手数料を取られてしまいます。

それなら、指数連動のETFのほうがよほどわかりやすいのです。日本やアメリカのものでもいいですし、海外の伸び盛りの国のＥＴＦは注目に値すると思います。

投資信託もそうですが、**金融機関が売りたがるものは、基本的に金融機関が儲かるもの**だと私はとらえています。彼らの目的は、利益を上げることだから。その点にも十分に気をつけなければなりません。こういうことも、学びを深めておくと見えてくるのです。

「仕事が1つしかない」という大きなリスク

リスクなんて向き合わなくても、これまでは十分に生きていることができた……。日本では、今もそんな声が聞こえてくることが少なくありません。

汗水垂らして働いていれば、きっと報われる。とにかくコツコツ貯金さえしておけばいい……。

しかし、経済はグローバル化し、世の中が過去とは大きく変わっていることに気づいている人も少なくないと思います。かつての時代は、汗水垂らして頑張って真面目に働いたら、報われる時代だったのです。そういう環境にあったのです。

しかし、今はもう違います。時代の状況が変わってしまいました。インフラは整い、インターネットの時代になりました。働き方がハードワークからスマートワークに変わってきているのも、そのためです。

自分ももちろん働いて頑張る必要がありますが、**頑張り方が変わった**のです。また、お金にも働いてもらわないといけない時代になったのです。

親の世代は、「リスクのある投資なんて危ない」「貯金が何より」「ギャンブルのようなものだ」という認識があります。それは仕方がないことでもあります。

しかし、時代は変わったのです。**リスクとうまく付き合って、お金に働いてもらう時代**なのです。ここで、しっかりリスクを認識していないと、おかしな儲け話に乗ってしまったり、ギャンブルのような「投機」に走ってしまったりすることにもなりかねません。

これからAIが進化していけば、就いている仕事が脅かされてくる人もいるかもしれません。AIに取って代わられてしまう。仕事がなくなってしまわない保証は、どこにもありません。

会社も同じです。絶対に倒産しない会社はまずありえません。びっくりするようなことで、会社の基盤が揺らいだりする時代です。リーマンショックを引き起こしたリーマンブラザーズの社員たちだって、会社がなくなるなんて誰も想像していなかったのです。

これは、お金についての学びを深めれば理解できることですが、**リスクへの最大の対抗策**は「分散」することです。どこにでもリスクはあるわけですから、いろいろなところにお金を置いておいて、そのリスクをヘッジする。運用先しかり、為替しかり、です。

実はこれは、会社や仕事も同じだと私は思っています。**収入も給料だけに頼るのではなく、副収入などのポケットを増やすことを考えたほうがいい**でしょう。

それこそ、来るべきリスクに備えるための、重要な方法の1つだと思います。

Action

副収入を目指してみる。

Keyword
13 誰を信じるか

お金に強い人は、自分の学びを信じる
お金に弱い人は、掲示板や雑誌を信じる

信じる人を見つけるポイント

お金についての学びは、今はいろんなところでできます。もちろんこうして本もあるわけですが、ネット上にもたくさんあふれています。無料でいくらでも、いろんな情報にアクセスできます。また、友達や知人、会社の同僚や先輩、上司から教わることもあるでしょうし、家族からもあるでしょう。お金や投資に関する雑誌もあります。

だからこそ、1つ大事なことがあります。

それは、**「誰を信じるのか、はっきりさせたほうがいい」**ということです。

というのも、語られることが、必ずしも一致しないからです。

私が投資アカデミーで端的にお伝えをしているのは、**「うまくいった人を信じる」**ということです。私自身、どうしてうまくいくことができたのかといえば、お金持ちになった人に教えを請い、彼らを信じたからです。

また、これはお金に限らず、会社の経営でも同じです。かつて会社が赤字で自転車操業状態になっていたとき、私が教えを請うたのは、会社を黒字にし、とても儲けている経営者でした。すでに成功している人に聞くのが一番だと思っていたのです。

ところが、実際にはこんなことが起こります。

お金に強い人は、成功者やプロの言うことを聞く
お金に弱い人は、友達の言うことを聞く

すぐ身近にいる人の話のほうが耳に入りやすくなるのかもしれませんが、私はこういうことだと思っています。自分に都合のいいほうを選択してしまうのです。

人は、自分が信じたい情報を信じてしまうクセがある

同じように、成功者やプロではなく、会ったこともない人のウェブの記事や掲示板に引きずられてしまう人が少なくありません。5倍になる、10倍儲かるなどという話に乗ってしまったりする。結果として確たる裏付けのない情報を信じてしまって、大きな損失を被ってしまったりするのです。

1つぜひお聞きしておきたいのですが、「きっと大きく儲かる」などという話を誰もが見ているようなところで公開してくれる人が、本当にいるのでしょうか。しかも、タダで教えてくれるのです。そんなことは、まずありえないと思うべきでしょう。「実際には、別の狙いがある」というくらいに思っておいたほうがいいでしょう。そうやって、信じて動いてくれる人が出てくることが自分のプラスになる場合です。そ

れなら書き込みをする理由になると思います。

私は基本的に、**「掲示板の情報は95％はでたらめだ」**と思っています。お金に弱いままの人を振り回すために、情報が発信されているのです。

一方で、逆のケースもあります。「投資は危ない」「大損した」「まったく儲からない」……。そんな声ばかりを集めてしまう人がいます。本来であれば「うまくいった人」に話を聞くべきなのに、「うまくいっていない人」にばかり話を聞いてしまうのです。それで「投資は危ない」「お金を増やすなんて、とんでもない」「うまくいくのは、ほんの一握り」といった情報を信じてしまうのです。

どうして信じてしまうのかというと、それを信じたい自分がいるからです。**自分が信じたい情報を、人は信じてしまう**のです。だから、安易な情報に躍らされてしまうのです。

不安はあるけれど、最後の一押しを誰かにしてもらいたいと思っている。そういうときには、実は自分がしたいことを応援してくれる声に耳を傾けてしまうわけです。冷静になって判断ができていません。

だからこそ、**誰の言うことを信じるのか、自分で決めていく意味がある**のです。

お金に弱い人ほど、セミナージプシーになる

投資アカデミーにやってきて、お金に強くなれた人の特徴の1つは、講師である私を信じてくれていることだと思っています。そうやって、しっかり結果を出していく人は少なくありません。

私が1つ伝えているのは、株を買うときでも、売るときでも、海外に投資するときでも、何かの取り組みをしようとするとき、**「まずは自分の頭で考えてみる」**ということです。自分で勉強するのです。そしてその上で、自分で「これだ」と思ってアクションを起こします。さらに、結果が出たときには、必ず自分で「なぜうまくいったのか」を検証することです。自分で確かめるのです。

こうすることで、お金を増やす力は確実に自分のものになっていきます。

一方で、お金に弱いままの人の特徴は、すぐに他のところに学びに行ってしまうことです。私に対しても半信半疑で、なかなか次の行動に移せない。

もちろん、私に未熟なところがあったのかもしれません。それは申し訳ないことで

すが、どうも見ているると、また他のセミナーなどに行っています。要するに、あっちにもこっちにも行っているのです。「誰を信じるのか」が定め切れていないのです。

私は「お金についてのメンター」を持ちなさいという話をよくします。メンターに相談したり、メンターを目標にして頑張る。そうすることで、向かうべき方向がわかりやすくなるからです。

ところが、このメンターが何人もいたらどうなるか。もっといえば、ぜんぜん違うタイプの人をメンターにしてしまったらどうなるか。混乱してしまうに決まっています。実際、私とは正反対ともいえる主張をしている人に、私の学びの後に行った人がいました。それは、オバマ前大統領とトランプ現大統領に両方、師事するようなものです。まったくタイプが違うのです。これでは、うまくはずがないのです。

一度だけでは、すべては理解できない

これも、私がよく伝えていることですが、お金に強くなれた人は、投資アカデミーでの私の教えを、家に戻ってから何度も学び直していました。私を信じて、私の言う

ことをしっかり吸収しようと繰り返し学んでいるのです。

実は私もかつて同じことをしていました。**繰り返し学ぶ**のです。

例えば、本にしても、一度読んだだけでは、すべてが頭の中に入ってきたとはいえないと思っています。実際、二度、三度と読んだとき、改めて見つけることができるものがあったりします。「このページにはこんなことが書いてあったのか」「このレッスンはこういう意味だったのか」と繰り返し読むことで見えてくるのです。

これは映画も同じです。一度見ただけではわからないことがたくさんあります。二度、三度と見ることで、必ず新たな発見があるのです。

お金に強い人は、本やテキストから繰り返し学ぶ
お金に弱い人は、本やテキストを一度しか読まない

一方で、**「一度読んだら十分だ」**というものもあります。お金に関する雑誌です。

これには理由があって、旬の時期は過ぎていってしまうからです。

雑誌の目的は、主として新しい情報を提供することです。逆にいえば、新しい情報

はどんどん古くなっていってしまいます。今のようなインターネット全盛時代において、雑誌というものの位置づけは極めて難しくなってきています。

なぜなら、印刷しなければならないので、情報が入ってからアウトプットされて販売されるまでに長い時間を要するからです。たしかに、記事が書かれたときには、最新の情報だったのかもしれませんが、印刷に2週間、3週間とかかってしまっていたとすればどうでしょうか？

もちろん信頼のおける雑誌もたくさんありますが、旬の情報かどうかという点では注意が必要です。

権威で選ぶのは危ない

もう1つ、「誰を信じるか」というとき、日本では陥りやすいワナがあることをやがて知ることになりました。「日本人は、意外に権威に弱い」ということです。

本来、「誰を信じるべきなのか」は、先にも書いたように**「うまくいった人」**であり、**「実際に成功した人」**であるべきです。この人を信じてついていきたい、この人をメンターにしたい、この人に教えを請いたい……。そういう人は、お金に本当に強い人であるべきです。

ところが、そうでないものに影響されてしまうのです。学歴であったり、職歴であったり、そうした権威だけを見て、信じるべき人を決めてしまう人がいるのです。

お金に強い人は、信じる人を自分で決める
お金に弱い人は、信じる人を権威で決める

もし権威を持っていて、なおかつ実績も上げている。お金持ちとして成功しているということであれば、私も異存はありません。

ところが、「あの人は東大を出ているから」「あの人はハーバードだから」「あの人は有名なところにいたから」というだけで信じてしまう人が少なくありません。

たしかに、東大やハーバード、有名な組織のような権威あるところを経て、大きな成功をしている人もいます。一方で、権威はあるけれど、机上の空論ばかり言っている人も、私は実際にたくさん目にしてきました。

権威を手にしていることだけで満足して、それ以上のチャレンジをしようとか、成長しようとか考えない人も少なくありませんでした。

結局のところ、**学校を出た後に、どれだけ学び、どれだけ本を読み、どれだけ経験し、どれだけ情報を得たかで、人の成長は決まる**のです。

権威に惑わされず、自分で「この人だ」という選ぶ目を持つこと、あるいは、持とうとすることが大切なのです。

Action

信じる人を、権威で決めない

Keyword 14

付き合う人を変える

お金に強い人は、付き合う人を変えようとする
お金に弱い人は、付き合う人を変えようとしない

あなたのまわりにいる人は、どんな人？

インドから日本にやってきたばかりのサラリーマン時代のことを、今もよく覚えています。当時の私は、「お金に弱いままの人」でした。どうしてそうだったのか、当

時の自分を見るとよくわかるのです。

典型的だったのは、**自分のまわりが自分と同じような人たち**だったことです。なかなかうまくいかなくて、いつも「ストレス」を抱えていて、嫌なことがあると、すぐにテレビに逃げ込んでいる。実はそれは、まわりの人も同じでした。

みんなで集まったりすると、一斉に出てくるのが会社や上司の悪口です。自分たちがうまくいっていないのは、上司のせいだ、会社のせいだと始まるわけです。

当時の私の上司は、とても厳しい人でした。英文の書類のコンマがついていないというだけで怒鳴られて、資料を投げつけられたりしました。

タイピングをするのが遅いので、家でワープロの練習をしてくるよう求められました。日本の細かなビジネス慣習に慣れなくて、本当に苦労しました。

ミスをすれば叱られますから、気分は良くありません。こうなると、逃げたくなるのです。言い訳をしたり、自分を正当化したり……。自分は悪くない、上司がうるさすぎるんだ、求めすぎるんだと思っていました。

そして、仲間たちと集まると、最後に出てくるのは、「こんな給料で、そこまでの仕事を求めるな」という言葉でした。憂さを晴らしていたわけです。

実のところ、そんなことをしていても、何の成長もありません。何もいい方向には進みません。むしろ今は、当時の会社に感謝しています。厳しくしてもらえたおかげで、後に自分にも厳しくなれたからです。

付き合う人が変わると、何が変わるのか？

私は成功するために日本に来ました。お金が欲しかったし、お金持ちになりたかった……。その後、インドに定期的に出張して、インドの大富豪のライフスタイルを見る機会を得て驚きました。

もうすでに隠居している人たちもいましたが、みなさんビシッとしているのです。日本で付き合う同僚たちとは、なんだか空気がまるで違っていました。そして、「お前は日本にいてずっとサラリーマンで生きるつもりなのか」「せっかく日本にいるなら、テクノロジーの最先端を走れ」「インドのジュガールを使え」という教えをもらうのです。さらに最後にもらったのが、**「お前はちょっとだけ変われば絶対に成功できる」**という言葉でした。

私はそれを信じることにしました。大富豪が私の何を知っていたのかはわかりませんが、きっと私には運がついているんだと勝手に思うことにしたのです。帰りの飛行機で気持ちはどんどん昂《たか》ぶりました。「あの大富豪のようになろう」と思ったのです。思いが変わると、行動が変わります。成功者のストーリーを真剣に読んだりするようになりました。

そしてもう1つ、成功者に近づくことを考えました。このことに気づいたからです。

お金に強い人は、成功者やお金持ちの輪に入ろうとする
お金に弱い人は、成功者やお金持ちではない輪に入ろうとする

お互い愚痴を言い合って、傷をなめ合っている。そういう仲間たちとのサークルは心地いいのです。お互いに文句を言い合って、お互いにネガティブな発言をし合って、ゴシップを噂して、テレビの話題に盛り上がって、どうでもいい時間を過ごす。憂さ晴らしになるのです。

しかし、そこからは絶対にインドの大富豪のようにはなれないと思いました。そこ

で、**付き合う人を変える**ことを考えたのです。

自分よりポジティブなエネルギーを持つ人を探す

心地いい仲間、怠け者でだらしない仲間たちのサークルから出て行くのは、実は決意が必要です。同じことを続けているほうが、人間はラクなのです。それこそ、新しいこと、ましてや高いレベルの人たちとの付き合いに変えようとすれば「ストレス」も生まれます。

そうするには、本気にならないといけません。でも、この環境を変えたいのであれば、出ていくしかないと私は思いました。この決意が持てるかどうかが、人生を変えるのです。

お金に強い人は、高いレベルの人との付き合いにシフトする
お金に弱い人は、同じレベルの人との付き合いを続ける

難しいことをしたわけではありません。いきなり「億万長者になる」なんてゴールをつくったわけでもありません。ゴールをつくるよりも簡単なことは、**少しでも高いレベルの人との付き合いを始めてしまう**ことでした。

会社でも、自分よりポジティブなエネルギーを持っていたり、自分よりワクワクして動いている人が必ずいます。そういう人を見つけて、その人たちの輪に入ったのです。

仕事に高いモチベーションを持って臨んでいる人。ワクワクして毎日を過ごしていそうな人。バリバリと仕事をこなす先輩や上司にも近づく。

これだけで、まったく毎日が変わりました。私自身が、ワクワクして楽しく仕事ができるようになったのです。

そうすると、必然的に目指すものも高くなっていきました。意識の低い仲間たちと一緒にいたら、考えもつかなかったことを考えるようになっていきました。

習慣が変わり、人生も変わる

そして、思い浮かんだのが、**外部の勉強会やセミナーに参加してみる**ことでした。新しい出会いに、お金を投資することにしたのです。そうすると、より高いレベルの人たちと出会うことができるようになりました。

会社の経営者がいたり、専門家がいたり、向上心の高い人がいたり……。そういうところに、いきなり同じ立場で入ることができるわけです。

私のやっているセミナーでも、同じことが起きます。みなさん、いろんなところからやってこられるわけですが、スタートラインは同じです。社長も、専門家も、若い人も、同じコミュニティでスタートするのです。

こういうところに来ている若い人は、**一気にステージを引き上げられる**ことになります。付き合う人を変えることができるのです。

これは、セミナーの大きな利点です。変わりたいなら、環境や付き合う人を変えないといけないのです。

私自身も、たくさんの新しい出会いを得ました。新しいコミュニティに加わることができました。ずっと会社でくすぶっていたのでは、まず出会うことができなかったであろう人たちと、付き合うことができるようになったのです。

環境が変われば、意識もどんどん変わっていきます。思い切って起業してみようと思ったのは、たくさんの経営者と出会うことができたからでした。

そしてお金持ちの人たちとも知り合ってわかったのは、**行動力**の違いであり、**マメさ**の違いでした。お金に対して前向きで、お金を増やそうと思っている人たちは、当時の私とは異なる習慣を持っていたのです。

例えば、サラリーマン時代の私は、朝早く起きるのが好きではありませんでした。勉強熱心ではありませんでした。常に新しい人との出会いを求めたりはしていませんでした。

ところが、習慣を変えると、私の人生も変わっていきました。

自分のまわりの平均年収が、自分の年収相場

よく言われることですが、自分のまわりの平均年収が自分の年収相場であると改めて思いました。まわりに1億円取っている人たちがいたら、自分の年収相場も1億円になるのです。まわりが1000万円以下だったら、1000万円以下になる。

どの人脈と触れているか、どんな情報のインプット、アウトプットをしていくかで、年収も変わっていくのです。

サラリーマン時代の私のまわりには、400～500万円の年収の人しかいませんでした。その情報の中でしか生きていなかったのです。振り返ってみればわかりますが、この中では、いい本を薦められることもなければ、いい情報を勧められることもありませんでした。

保険が話題にのぼることもなく、運用先が話題にのぼることもありませんでした。こんな環境にいて、お金に強くなれるはずがなかったのです。

もちろん、いきなりレベルのかなり高いコミュニティには入りにくいと思います。

ですから、**自分よりできそうな、一番身近な人に近づく**ことです。自分より収入の高い、できる先輩。できる上司。別の会社に転職してうまくいっている元同僚。そんなところから、始めてみるといいでしょう。

そして、1つの目安を年収にしていくことです。自分の1・5倍、2倍の年収を持っていそうな人に、まずは近づく。仲間に入れてもらう。

日本人は遠慮という壁があるようですが、それは捨て去ることです。教えてもらう姿勢でいく。そしてだんだんと、自分に何かギブできるものがないかを考える。無理に背伸びをする必要はないと思います。

ついていこうという意識を持っていれば、自分はどんどん変わっていくのです。

Action

自分より年収の高い人と付き合う。

Keyword
15
お金持ちに学ぶ

お金に強い人は、お金持ちに学ぼうとする
お金に弱い人は、お金持ちに嫉妬する

「自分にもできる」と考える

もしお金持ちになりたいと思うのであれば、絶対にやったほうがいい学びがあります。

それは、「お金持ちに学ぶ」ということです。

ところが、お金が弱いままの人は、これを素直にできません。プライドが邪魔をするのか、嫉妬心が邪魔をするのかわかりませんが、うまく学べません。せっかくお金持ちになるための絶好の学びの機会なのに、それを活かすことができないのです。

逆にお金に強くなれた人は、積極的にお金持ちから学ぼうとします。もっといえば、**「この人がこうできるんだったら、きっと自分も同じようにできる。頑張ろう」**というマインドセットになるのです。

ライバル心や競争心というよりも、「もっとやってやろう」「相手の刺激でもっと自分を変えよう」「もっと大きくやってみよう」と考えるのです。

以前、テレビの経済情報番組で、アジアの女性がアメリカに行って大成功して数百億円の年商を持つ会社の社長になった話を知りました。

彼女がまず始めたのは、お手伝いさんでした。そこから大金持ちですから、まさにシンデレラストーリーですが、彼女は当時のお手伝いさんという立場にまったく引け目を感じていませんでした。いろんな人を見て、いろんな人と出会い、「この人にできるのであれば、きっと自分もできるはずだ」と頑張ろうと努力して、大会社の社長になって大金持ちになっていくのです。

「私にもできる」というのは正直、根拠のない自信です。でも、頑張るのです。うまくいく人は、「人から学んで自分もやろう」と考えるのです。

嫉妬しそうになったときの対処法

逆に、お金持ちに対して嫉妬してしまうことが何が問題なのかというと、何もしなくなってしまう点です。冷静に見ることができないのです。

結局のところ、自分が何かアクションを起こしたくないから、人に対してそういう感情を抱いてしまうのではないでしょうか。アクションしなくていいための言い訳にしてしまっているのです。

しかし、何もしないわけですから、何も変わりません。嫉妬してアクションしない言い訳にしたところで、何の変化も得ることができないのです。

もし嫉妬しそうになるのなら、好奇心で彼らを見つめてみたらいいでしょう。**「実際、リッチな暮らしとはどういうものなのか、知ってみたい」でいい**のです。

どんな暮らしをしているのか、どんな毎日を送っているのか、どんな家に住んで、どんな車に乗って、どんなものを食べているのか、知りたいはずです。

そこからイメージを膨らませるのです。彼らのようになるにはどうすればいいか。彼らのような生活をするには、どうすればいいか。彼らのようなお金の使い方をするにはどうすればいいか。すべて自分ごとに落とし込んでしまうのです。

大事なことは、もっとリッチな暮らしがしたい、もっといい経験をしたい、このままで人生を終わらせたくないという気持ちです。つまり、飢餓感です。

それを自分の中に、素直に、強く持ったほうがいいでしょう。そうすれば、お金持ちに向かうためのモチベーションにしていくことができるのです。

うまくいっている人ほど謙虚である理由

成功している人、お金持ちの人について、最初から何かあまり良くない印象を持ってしまっている人がいます。それこそ、先に書いた呪縛です。

何か良くないことをして、お金持ちになったんじゃないか。特別な何かがあったんじゃないか……。

しかし、実際には、うまくいっている人たちは、とても謙虚な人たちです。基本的に**謙虚であることが習慣**になっています。ですから、学びの姿勢を強く持っています。それは当たり前のことなのです。

お金持ちになっている人は、いいビジネスができている人です。いいビジネスができる人は、いいマーケティングがきちんとできている人です。相手のことやユーザーの気持ちを考えないと、いいマーケティングやいいビジネスはできません。

だから、謙虚な姿勢で常にいろいろなものに向き合うわけです。とにかくモノを売って終わり、みたいな発想にはならないのです。

私自身も、もちろんいろんな考えはありますが、物事は謙虚に受け止めていかないといけないと思っています。例えば、私は仮想通貨について、あまり信用していませんでした。ですから、ずっとアンチの立場を貫いていました。

しかし2017年の12月に、仮想通貨のカンファレンスで学んで、いろんな人たちとも会って、2018年からはスタンスを変えました。自分自身も、仮想通貨の取引を始めました。

たいへんな利益を上げていた人がいましたが、私は慎重でした。ただ、もしかすると、ちょっと勉強が足りなかったかもしれないと反省しました。もっとリサーチや勉強をして、ポジティビティを探すべきだったかなという思いを持ちました。

これは、次からの活動に活かしていきたいと思っています。

同業者とも付き合うべきか？

そして、これもまた多くの成功者に共通しているのですが、同業者とも付き合います。私自身もそうです。

同じ仕事をしている人とは、利害がぶつかることもあるわけですから、付き合わないのではないかと問われることもありますが、そんなことはありません。

率直に情報交換しますし、何が求められているのかを共有したりもします。起業家同士が集まりを持ったりしているのは、よく知られるところです。ここでも、嫉妬したりするのではなく、みなさん学ぼうという姿勢を持っている印象があります。

やはり必要なのは、**「うまくいっている人の話をしっかり聞くこと」**。うまくいっている人は、オープンマインドなのです。そして、**うまくいく人は、うまくいく人のうまくいく話を聞きたがります**。

逆に、お金に弱いままの人に多いのは、うまくいかない話にこそフォーカスしてしまいがちです。失敗した話、うまくいかなかった話ばかりを聞きたがるのです。

お金に強い人は、成功した人の話を聞きたがる
お金に弱い人は、失敗した人の話を聞きたがる

目指しているのは、失敗ではなく、成功です。
成功した人の話、お金持ちになった人の話をこそ、聞いたほうがいい。そして、そうなるためのステップをイメージしたほうがいい。私はそう思っています。

Action

失敗した人の話ではなく、成功した人の話を聞く。

Keyword

16 子どもに贅沢させない

お金に強い人は、子どもに贅沢させない
お金に弱い人は、子どもに贅沢させたいと考える

お金に強い人ほど、お金の教育をする

お金についての学びを深めることができたかどうか。それは例えば、お子さんがいる方なら、「子どもにどう教育するか？」というところに現れてくると思います。

お金についてきちんと理解できた人は、それをしっかり子どもに伝えたいと考えます。なぜなら、生きていく上で、とても大事なことだからです。

その認識がないから、多くの人は子どもにお金について教えません。しかし、それでは子どもはかわいそうだと思うのです。

だから、お金に強くなれた人は、必ず子どもにお金の教育をしようとします。一方で、お金に弱いままの人は、子どもにお金の教育をしようとしません。

お金に強い人は、子どもにお金の教育をする
お金に弱い人は、子どもにお金の教育をしない

これは世界中で言われていることですが、**習慣のうちの4割は、親から学んでいるもの**なのだそうです。

日本では「お金、お金と言ってはいけない」「投資なんて危ない」「お金持ちは何かずるいことをしている」という空気が広がっていると先に書きましたが、これは親がそんな空気を発していることが、大きな理由なのではないかと私は感じています。

親が「投資は危ない」「とにかく貯金だけしなさい」とこればかり言っていたら、子どもはなんとなくそれが正しいと思ってしまいます。それだけの影響を親から受けているのです。

子どもに贅沢させることのデメリット

「お金は危ない」「お金、お金と言ってはいけない」……。そんな空気を醸し出している一方で、日本では不思議なことが起きていると私は感じています。

先にも書きましたが、高校生が何万円もするような財布を持っていたりするのです。とても自分でアルバイトをして買ったとは思えませんから、おそらく親が買い与えたのでしょう。世界の人から見れば、これは驚くべきことです。収入や頑張りにふさわしいものを持っているのであれば誰も何も言いませんが、まだ仕事もしていない、学校に通っている生徒が持っているのです。

これはどう考えても、周囲には贅沢をさせているとしか映りません。分不相応だし、おかしなこと。世界の常識から見れば、驚愕の話です。

そして何より、子どもにとって良いことではありません。持つべきでないものを持ってしまっている。ともすれば、それが当たり前になってしまう。だから、学校を卒業して、手取り収入が20万円ほどしかないのに、50万円もするバッグを平気で買ってしまうようなことになるのかもしれません。金銭感覚がマヒしてしまっているのです。

「高いバッグを買うな」とは言いません。リッチな体験はとても大切です。しかし、**しかるべきタイミングで、しかるべき時期に行なうべき**です。借金をしたり、ローンを組んだりしてまで買う価値が本当にあるのかを考えないといけません。もっといえば、「それが本当にお金に強い行動なのか」と考えなければいけません。

何があっても生きていく力を身につけさせる

お金に強くなれた人は、子どもには贅沢をさせません。子どもに贅沢をさせても、いいことはないとわかっているからです。

逆に、お金に弱いままの人は、子どもに贅沢をさせたがる印象があります。自分がお金についての学びを得ていない。これは1つの証かもしれません。

私自身、まだ子どもは小さいですが、贅沢をさせるつもりはありません。周囲のお金持ちや成功している人たちのお子さんたちを見ても、その印象を強く持っています。**贅沢をさせることは、むしろ子どもを不幸にしかねないとわかっているから**でしょう。

金銭感覚をマヒさせてしまう。自分でお金をコントロールすることができなくなる。お金について考えなくなってしまう。そんなデメリットがわかっています。

ジム・ロジャーズさんも同じです。インタビューで2人の娘さんがいらっしゃるという話をされていましたが、**最初にプレゼントしたのは、貯金箱**でした。自分でお金を貯めていくこと、お金には金利がつくこと、お金は使ってしまったらなくなってしまうことなどを、しっかり子どもたちに伝えたかったからです。人形などいくらでも買えたでしょうに、わざわざ自分の貯金から買わせました。そうすることで、お金というものを子どもに学ばせたかったのです。そして実際に、娘さんは大きな学びを得ました。

また、14歳になったら、自分でお金を稼ぐ経験をすることが大切だと語っていました。実際、上の娘さんは、自分で中国語を教える仕事を見つけてきました。時給20ドルで、です。**「彼女たちに何があっても生きていけるようにしたい」**とジムさんは言っていました。

もし贅沢三昧で、お金を好きに使わせていたりしたら、こんなことになったかどうか。その場では贅沢ができて、喜びが得られるかもしれません。

しかし、困るのは将来です。ずっと同じことはできないからです。また、いずれは自分で稼いでいかなければならないからです。

ジムさんの言うとおり、将来、何があっても生きていける力を身につけることこそ、子どもたちには必要なことでしょう。それは、贅沢を覚えさせることとは、まったく逆のことです。そして、その教えは、間違いなく子どもをお金に強くしていくでしょう。

お金の教育は、学校ではやってくれない

私にもまだ学校にも行っていない幼い息子がいますが、彼に教えたいと思っているのは「会計学」です。つまり、数字に強くなるということです。まだ4歳ですが、「くもん」にも通わせていますし、ソロバンも教えてもらおうと思っています。

もう少し大きくなれば、利回りのことや投資のことも教えていきたいと思っています。お金が増えるとどんないいことが待っているか、増やす楽しみについても教えたいと思っています。それこそ、株式投資をやってみてもいいでしょう。少しの金額を動かしてみて、うまくいってお金が増えたら、その何%分かで大好きなウルトラマンのオモチャを買ってもいいことにする。

それは、私も手助けしますが、彼がつくったお金です。**自分の能力でお金をつくることができれば、自分が欲しいものを手にすることができる**。親に頼まなくても、買うことができる。そんな経験をしてもらいたいと思っています。

一方で、今ではメルカリやヤフオク！で、簡単に持っているものを売ることができますから、古いものがお金になることもぜひ教えたいと思っています。しかも、いいタイミングで売ることによって利益が高くなることも教えたいのです。実際、ウルトラマンのグッズやレゴなどは、いい値段で売れます。どういうものを、どういうタイミングで売れば、いい値段になるのか、そういうことも学んでほしいのです。

日本では、車を買うとき、当たり前のように新車を買いますが、インドでは程度のいい中古車を買うのが人気です。新車の場合は、売るときに値段が大きく落ちてしまいます。しかし、程度のいい中古車なら、その差額が小さくなります。

こんなふうに、常にアセットを意識した買い物をします。こんなこともわが子に教えていきたいのです。

お金の教育は、学校ではやってくれません。**生きていくために本当に大事なこと**なのに、誰も教えてくれないのです。だから、お金についてまったく知らない人が多いのです。ならば、親が立ち上がるしかありません。

「親の面倒を見なさい」と言っておく

そしてもう1つ、日本で不思議に思うのは、親が子どもに対して遠慮していることです。

「自分たちは自分たちで生きていくから、あなたたちはあなたたちでやっていきなさい」

こんなふうに言う親が、今は少なくないのではないでしょうか？

でも、インドでは違います。親は子どもに、「私の面倒は子どもが見る。あなたが見なさい」とはっきり言います。そして子どもは、当たり前のように親の面倒を見ます。

「日本の親は、とても物わかりが良くて、子どもにやさしい」ともいえるのかもしれません。しかし、私から見ていると、なんだか寂しそうです。

本当は、もっと子どもや孫に会いたいのに、それが言えない。年金暮らしで実は経済的に決して楽なわけではないのに、それも言えない。それこそ、1万円でも2万円でも、子どもからサポートしてもらえたらどんなに喜ぶかと思います。

ところが、日本の人は言いません。そういう素振りも見せません。照れ隠しなのか、恩着せがましいことをしたくないのか、本当の気持ちを表に出しません。実際には、ちょっぴり期待もしていると思うのです。しかし、口に出さなければ、子どもには伝わりません。そして子どもも、そんな親の本当の気持ちをわかっていません。自分が生きていくのに一生懸命ということもあるのかもしれませんが、応援もしません。

このままだとどうなるのかというと、同じことが繰り返されていくでしょう。**子どもが年老いたとき、自分が困ることになる**のです。自分が寂しい思いをすることになるのです。

だから、インドでは、親は子どもに言うのです。「私の面倒を見なさい」と。私も息子に言います。そうすると何が起きるのかというと、息子も自分の子どもに言えるのです。そして、ハッピーな老後を過ごすことができるのです。

子どもは親からギブを受けて学校に行ったりできたのです。その恩返しをしっかりしないといけません。そして、それはやがて自分に戻ってくるのです。

Action

子どもには、お金の教育をする。

第4章

「行動」を変える

──「できない」が変わる

Keyword

17 まずは小さく儲ける

お金に強い人は、まずは小さく儲けようとする
お金に弱い人は、いきなり大きく儲けようとする

お金に弱い人が持っている大きな勘違い

お金を増やすなんてできない。投資なんて怖くてできない。難しいことはやりたくない……。投資アカデミーでも、最初はこんな不安を持っている人がお見えになるこ

とも少なくありません。ところが、学びを深めて大きく変わる人も多いのです。「できない」と思っていたことが、できるようになる。行動が変わっていくのです。

一方で、残念ながらその一歩が踏み出せなかったり、学びを深められなかった人も出てきます。両者は何が違ったのか、この章でご紹介します。

まずは、お金を増やすことについて、大きな勘違いをしている人がいます。まるでギャンブルのようにお金を賭けて、ドカンと増やす、そういうものだと思っている人がいます。しかし、これは投資ではありません。投機そのものです。

また、上がり下がりのある株式などを、とにかく売ったり買ったりして、利益をどんどん大きくしていくのが投資だと思い込んでいる人もいます。わかりやすい言葉でいえば、デイトレーダーでしょうか。

しかし、私が投資アカデミーで勧めているのは、デイトレーダーになることではありません。実は私自身、一時チャレンジしてみたこともありましたが、デイトレーダーはとても大変でした。「こんなことは私にはできない」と思いました。

いきなり大きく儲けようとしたり、一日中株式相場とにらめっこしたり、こういうことは、私が勧めるお金の増やし方ではありません。

「0・0数%の預金金利に比べたら」と考える

私がまず勧めるのは、**「まずは小さく儲けてみる」**ということです。

お金を増やしたほうがいいと思うのは、今の銀行の預金金利があまりにひどい状況だからです。0・0数%では、お金はまったく増えてくれません。

しかし、どういうわけか、「お金を増やす」「投資をする」と聞くと、「5%の利回りは欲しい」「10%ないと」なんて発想になってしまう人がいます。

「主婦が20万円を2億円にした」なんて情報に惑わされて、本を読んで本当にやろうとしてしまう人がいるのですが、それは誰もがそうそうできるものではありません。ラクしてお金を儲けることはできません。それ相応の大変な努力を覚悟しなければいけないのです。

もちろん、たくさん儲かれば儲かるほどうれしいのは事実ですが、先にも書いたとおり、リターンが大きいところには大きいリスクがあります。

だから、私が勧めるのは、まずは小さく儲けること。それこそ、**1%でも3%でも**

いいのです。銀行の預金金利を考えれば、100倍だったり、300倍だったりの利回りなのですから。銀行に預けているよりは、明らかに増えています。それをしっかり頭に入れておくことです。

ですから、**まずはリスクの低いものからやればいい**でしょう。先にも紹介したETFは1つの入門編ですが、私が最も勧めているのは、**個別の株式投資**です。自分で「これぞ」と思う銘柄を買っておくのです。

値下がりが気になる原因

株式には値上がり、値下がりがあります。値下がりになるのが怖いというイメージもつきまといますが、金融商品が上がったり下がったりするのは、当たり前のことです。また、上がったり下がったりするから、利益を得るチャンスも生まれるのです。

そしてぜひ認識しておいてほしいのは、**仮に持っている株式が値下がりしても、即「損をした」ということにはならない**ということです。なぜなら、売らなければ損失は確定しないからです。そうしていると、しばらくして株価がするすると上がっていく可能性だってあります。値下がりするものは、値上がりもするのです。だから、仮に値下がりしても、持っていればいいのです。

ここで安心して持っているためにも、大事になるのが、「時間を味方につける」ことです。株価の上がり下がりで一喜一憂するのは、短い時間で大きく儲けようとするからです。そうではなくて、**長い時間で儲けることを考える**のです。

お金に強い人は、長期で儲けようとする
お金に弱い人は、短期で儲けようとする

長期で儲けようという意識を持っていれば、短期で値下がりしても、慌てる必要はありません。どっしり構えて、そのまま株式を持っていればいいのです。

昔は「長期投資は10年」などと言われましたが、今はもう少しスピードが速い時代ですから、長くて5年、短ければ1、2年でもいいと思います。最低でも、このくらいは持ったまま、保有しておくつもりで投資を始めるのです。

だからこそ、大切なことが1つあります。これは後に詳しく書きますが、短期の目

線ではなく、**長期の目線で「きっとこの会社の株価が上がる」と信じられるだけの情報を自分でしっかり持っておく**ことです。そういう銘柄を買うことです。

自分の投資ルールを決める

もちろん「長期で持っておく」と決めていたとしても、途中でするすると値上がりをして、「これは売ってもいいぞ」というタイミングなら売って利益を確定させるべきです。

ただし、ここで1つ大切なことがあります。それは**「ルールを決めておく」**ということです。私は、例えば伝統的な企業の銘柄への投資の場合、「10%から20%上がったら売却する」と決めています。もしかすると、その後もっと上がっていくかもしれません。しかし、自分の決めたルールに従うのです。

実際には、その後、株価がもっと上がることもあります。逆に、下がることもあります。「もっと儲かるはずだ」とばかりに欲をかいて売るのをずるずる先延ばしにしていると、株価が一気に下落することはよくあることです。結果的に、得られたリターンを取り損なってしまうわけです。

そうならないためにも、**自分でルールを決めて、それに従う**のです。先にも書きましたが、10%でも、銀行預金に比べれば、1000倍というたいへんな利回りです。自信を持って、利益を確定させればいいのです。

お金に強い人は、「これで売却」というルールを決めている
お金に弱い人は、「いくらでも儲けたい」と思って、ルールを決めていない

私は他にも、いろいろなルールをつくっています。

例えば、信用取引はやりません。株式投資では、株式を担保にしてその評価額の約3倍までレバレッジをかけられる信用取引があります。利益も3倍になるわけですから、大きく儲けるチャンスも出てきますが、逆に持っている以上のお金を実際には投入することになります。大きく値下がりをすれば、お金はマイナスになってしまう可能性もあるのです。

大きく儲けるチャンスがある一方で、リスクも大きいので、取引中のストレスはと

ても大きなものになります。万が一、暴落でもしたら気もそぞろで仕事も手につかなくなるでしょう。そんなことにはなりたくないので、私はやらないと決めているのです。**どんなに儲かったとしても、自分に合わないものはやらない**。「このくらい儲かればいい」と決めて、自分なりのルールをつくって取り組めば、株式投資は決して怖いものではなくなるのです。

100万円が30年間で1000万円

投資といっても、「小さな儲けから始める方法もある」「長期で儲けていくという方法もある」ことをぜひ知っておいてほしいと思います。また、**一時的に持っている株が値下がりしても、長期投資なら怖がることはありません**。

逆に、短期で儲けようとすれば、値上がり値下がりリスクに翻弄《ほんろう》されることになります。儲ける可能性もありますが、資金を失うリスクも高まります。

投資にかける時間がいかに大切か。長期の視点がどんなメリットをもたらすか。よく知られている話ですが、年利8％で運用することができれば、100万円が30年で

1000万円になるのです。

これは不動産投資も同じです。私がかつてインドで1000万円で買った家は、今は1億2000万円になっています。安いときに、「これから成熟するだろう」という街に買ったので、これが長い時間をかけて値上がりしていったのです。

今もアジアの国には、こうした値上がり期待ができる不動産がたくさんあります。10年、20年の長期の視点で見れば、大きな値上がりも期待できる可能性があります。

有名なところでは、ウォーレン・バフェットの「ワシントン・ポスト」への投資があります。30年前、投資した10億円は、30年後には1000億円になっていました。今では、配当だけでも年間10億円になるそうです。

長期でじっくり大きなお金をつくっていく。そんな考え方もあることをぜひ知っておいてください。

Action

自分で投資のルールを決める。

Keyword
18
安全にお金を増やしていく

お金に強い人は、安全なお金は取っておく
お金に弱い人は、すべてのお金をリスクにさらす

増やすお金は、一部のお金だけ

投資やお金を増やすことについて、よく誤解されていることの1つに、「手持ちのお金のすべてをリスクにさらさないといけない」というものがあります。

まったく違います。むしろ、それはやってはいけないことで、お金を増やすためにリターンを狙う、つまり、**リスクにもさらされるお金は、一部のお金だけにしておく必要がある**のです。

もとより銀行預金に入れたままにしておくのも、「お金が増えない」「万が一、物価が上がるインフレになったときに実質的にお金が目減りすることになる」というリスクがあることは先にも触れましたが、いろいろなリスクに備えるために、最も効果的な方法は、**分散しておく**ことなのです。

増えない預金だけではなく、増える可能性のある投資も行なっておくことで、備えるのです。あるいは、増える可能性のある投資も、日本の株式だけでなく、アメリカの株式も買っておくわけです。さらに、「株式だけでなく、他の商品も買っておく」というのも分散です。

そうすることで、万が一、1つのものが大きく値を下げたとしても、他のものでカバーができる状況をつくることができるのです。

これを「分散投資」と呼びますが、いろいろなところに分散しておくことで、まさにリスクに備えておくことができるわけです。

理想的な分散させる数と割合

1つの考え方は、**「3分の1ずつ分散していく」**というものです。**3分の1は預貯金**で安全に運用する。**3分の1はETFや株式**などで、お金が増える可能性がある投資で運用する。そしてもう**3分の1は、いつでも使えるよう、手元に持っておく**。

生活をしていれば、いろんなことが起きます。いつ何時、どんなことが起きるかわかりません。そのためにも、手元に「いつでも使えるお金」を持っていることは極めて大切です。そうすることで、安心して日々を過ごすことができるのです。

手元に3分の1も持っているなんてもったいない。それも少しでも増える可能性がある投資に回すべきだと考える人もいるかもしれませんが、私はそうは思いません。**投資で最もいけないのは、「心のゆとりを失ってしまう」こと**だからです。平静でいられないような状況をつくってはいけないのです。

先に「信用取引はやらない」と書きましたが、信用取引で大きな損失が出るかもしれないと気もそぞろになって、いろいろなことが手につかなくなったりするのが、最も良くないことだからです。

もしかしたら、お金が大きく増えるかもしれません。しかし、そのために毎日の平穏を揺さぶられるのだとしたら、本末転倒です。

大切なことは、日々の充実です。それを失ってまで、お金を増やそうと考えるべきではありえません。そんなことでは、長続きはできないからです。また、冷静な判断、正しい判断ができなくなるからです。

必要なことは、**継続できる投資サイクルをつくっていく**ことです。長期でお金を増やしていくという姿勢です。

そのためにも、無理をしてはいけないのです。焦る必要はありません。充実した日々を過ごしながら、じっくりお金を増やしていけばいいのです。

お金に強い人がやっている、投資で得た利益の使い道

無理をしない投資という点で、ぜひお勧めしたい方法があります。

それは、「再投資」という考え方です。

例えば、株式投資で利益を出すことができたとします。そうしたら、その**投資で得られた利益の分を新たな投資の原資に回す**のです。投資で得ることができたお金は、もしかしたら得ることができなかったお金です。そのお金を再び投資に回すわけです。

それなら、もともと持っていたお金をリスクにさらすよりも心配は小さくなるというのが再投資でもあります。

実際、お金に強くなれた人の中には、投資によって手に入れることができたお金の再投資をうまく活用することで、リスクにさらされる不安を小さくしていったという人もいます。**元のお金はそのままにしておいて、再投資だけで思い切った運用をしていく**のです。

「もともと投資で生まれたお金ですから、もしなくしてしまっても、もともとからなかったと思えばいい。そんなふうに考えることで、落ち着いて投資ができる」と語っていました。

一方で、お金に弱いままの人は、たまたま利益を得ることができたと、それを買い物にすっかり使ってしまったりすることが少なくありません。これでは、せっかくの再投資のお金がうまく活用できないのです。

お金に強い人は、再投資をうまく使っていく
お金に弱い人は、再投資をうまく使えない

「お金をできるだけリスクにさらしたくない」ということであれば、こうした投資によって手に入れたお金を再び投資に回すやり方をすればいいでしょう。

実はこの「再投資」は、お金を大きく増やしていく、効果的な方法の1つなのです。もとより、「利益を得て買い物をすること」が投資の目的ではないですよね。お金を増やしていくことが目的です。買い物をするのであれば、自分のおこづかいですればいいのです。

利益を出せるバーを下げる方法

実は3分の1の手元の余裕資金には、もう1つ大切な意味があります。それは、持

っている株式が大きく下落してしまったときに、効果を発揮します。

持っている株価が下落することはよくあることです。「長い目で見れば、きっと値上がりする」という思いをしっかり持っているのであれば、そのまま保有して、長期投資をすればいいとは先に書きました。

ただ、もし自分の中で「きっとまだ上がる」という自信があるのであれば、ここでチャレンジをすることができるのです。**「安くなった株をさらに買い増す」**ということです。

例えば10万円で買った株が、7万円になったとします。ここで、7万円で株を買うことができるとどうなるのかというと、買った値段の合計が17万円ですから、1株8万5000円で買うことができたことになるわけです。

もうおわかりだと思いますが、1株あたりの値段を結果的に下げることができるわけです。違う言い方をすれば、利益を出すことができるバーを下げることができたのです。

このまま株価が値上がりをしていったとして、10万円で買った1株であれば、10万円を超えなければ利益は出ません。

ところが、7万円で2株目を買うことができれば、8万5000円を超えたところから、利益を出せるようになるわけです。これができるのは、余裕資金があるからなのです。

お金に強い人は、余裕資金を持っておく
お金に弱い人は、余裕資金を持たない

もちろん、「この先も株価は上がる」という自信があってこそできる投資法ですが、手元に余裕資金があれば、こういうこともできます。

余裕資金があることで、投資を有利に進めていくことができるのです。

Action

余裕資金を常に持っておく。

Keyword
19
知っていることに投資する

お金に強い人は、よく知っている業界の株を買う
お金に弱い人は、よく知らない業界の株に手を出す

その投資先、あなたはどこまで知っている?

株式投資を始めたいが、どこに投資すればいいいか……。初めて投資をしようとする人は、必ず悩むところだと思います。

私のアドバイスは極めてシンプルです。

「自分の知っているところに投資する」です。

よく知っている業界、よく知っている企業。自分がユーザーとしてよくお金を使う業界、商品やサービスを頻繁に買っている企業。あるいは、わかりやすい企業でもいいでしょう。自動車やエアラインなど、世界に名だたる業界。あるいは、日本を代表する有名企業。

ジム・ロジャーズさんもインタビューで、**「自分のよく知っていることに投資しなさい」**と言っていましたが、それは、長期の成長のポテンシャルを、おぼろげでも知っている可能性が高いからです。逆に、まったく知らない業界、会社では、その見通しが想像もつきません。だから、身近な業界への投資が有効なのです。

ただ、大切なことが1つあります。

それは、**長期の視点で株価の動きを見ておく**ことです。今の株価が5年、10年のスパンでどんな位置づけにあるのかを知っておくのです。例えば、自分もユーザーだし、社会の評価も高いし、将来有望だと思っていても、すでに高い株価がついていることもあります。

有名企業だから、業績がいいからといっても、株価が高値水準にあったら、値下がりする可能性も高くなります。**上がりすぎていないかと注意**する。この見極めが、とても大切になるのです。

ラクして簡単に儲かる方法など絶対にない

自分のよく知っている業界にすべき、そのほうが自分にもわかるから。

これは極めてわかりやすい方法だと思うのですが、投資を始めようとすると、間違える人が必ず出てきます。どういうわけだが、人の声に惑わされてしまうのです。

友人に聞いたら、この会社がいいと教えられた。雑誌を買ってきたら、この銘柄が勧められていた。掲示板に推奨銘柄があった……。

ところが、聞いてみると、理由はそれだけだったりするのです。どうしてこの会社がいいのか、この銘柄がいいのか、将来有望なのか、説明することができないのです。「よくわからないけれど、2倍になる、3倍になると掲示板に書かれていた」という返答をもらったこともあります。しかも、その会社や銘柄について、自分で調べてもいない状況です。

先にも書きましたが、**ネット上には怪しい情報があふれています**。とりわけ、うまい儲け話には気をつけたほうがいいでしょう。海外投資や未公開株投資で、「1カ月で1億円儲かる」なんて平気で書かれているものもあります。

そんなことは絶対にないのです。ラクして簡単に儲かる方法など、絶対にないのです。それは肝に銘じておかなければいけません。

要するに、**お金に弱いままの人は、「近道」を探そうとしてしまう**のです。投資についてのテクニカルなことに惑わされるのもそうです。チャート、ローソク、ゴールデンクロスなどで、そうしたものを分析しようとします。もちろん、テクニカルな方法論として、そうしたものが役に立たないわけではありません。

しかし、普通の人はそんなことを考える必要はないと私は思っています。それより、**自分がわかるものに投資したほうがいい**のです。

それこそウォーレン・バフェットが投資しているのは、極めてわかりやすい会社です。コカ・コーラであり、マクドナルドであり、ペプシです。世界の先端を走るような難しい技術や新しい産業に投資したわけではありません。なぜなら、彼はＩＴをはじめ、難しいものに詳しくなかったからです。それよりも、自分でも食べたり飲んだりしておいしいと思って、「これは世界に広がっていくな」と思えたものに投資をしたのです。自分が体験をして、これだと思ったものに投資をしているのです。

テクニカルなことより信用できる人の話

テクニカルなことでいえば、私は「すでにうまくいっている人」にこそ、聞くべきだと思っています。そういう人が持っている情報は、なかなか外には出て行かないからです。

例えば、私の投資アカデミーに来た受講生の1人に、7年で60万円を3億円にした人がいます。私はあまりこうした額を出すのは好きではないのですが、事実ですから、書いておきます。

彼は年間4000万円から7000万円の利益を出しているそうです。私は、信用取引はしないことをルールにしていますが、彼は十分に経験を積んで、自分で信用取引を始めることを決断しました。そして自身の努力によって、これだけの成果を出したのです。

しかし、そんな彼でも、私に時々相談をしてきます。２０１７年の年末でした。私がアドバイスしたのは、すでに利益が出ているなら、信用取引の分はすべて売ってしまったほうがいいということでした。

どうしてかというと、ヘッジファンドはじめ、プロの投資家たちの多くは12月に実績を出して、12月末から1月の半ばまではお休みしてしまうからです。安くなったものも12月は上がりやすい。それは、彼らが実績を出す必要があるからです。

逆に、1月、2月は調整が起こりやすい。個人投資家しか動かないからです。大きな額を持った機関投資家がいないと、マーケットは揺れ動きやすいのです。そして実際に2月に暴落が起きたのです。

私はちょうどシンガポールにいて、彼にすぐに連絡をしましたが、信用取引分はすべて年内に処理をしていました。「おかげで資産を失わずに済みました」と言っていました。もし売っていなければ、３０００万円のマイナスが出ていたそうです。

お金持ちは、いろんなことを知っています。**テクニカルなものに頼る前に、お金持ちとのネットワークをつくる**ことです。そのほうがよほど役に立つと思います。

経営者のSNSやブログもヒントにする

もう1つヒントがあるとすれば、経営者です。**好きな経営者、気になる経営者がいる会社に投資する**のです。

私も長く投資をしてきて、改めて実感するのは、「会社は経営者で決まる」ということです。誰が経営するかで、会社の方向性も業績も大きく変わってしまいます。だから、経営者を見ることはとても大事なことです。

最近では、SNSで彼らの声を直接、見たり聞いたりすることができるようになりました。フェイスブックを自らやっている社長もいますし、ブログをやっている社長もいます。ツイッターを追っていくと、社長の考えていることがわかったりします。

投資情報を追いかけている人たちでも、ウェブサイトなどでIR情報を見たり、掲示板を見たりすることはあっても、**社長のSNSまで見に行く**という人はあまりいないようです。

しかし、私は社長自身が発信しているものを見ることこそ、とても大事だと思っています。もちろん中身も大事ですが、発信そのものから、社長の元気さ、会社の元気さが伝わってきたりするからです。そういう温度感も、投資先選びには極めて重要です。

もちろん私もＩＲ情報はきちんと見ます。四季報も見ます。特に見るのは、投資家における外国人の割合や投信の割合です。この２つの投資が多いところは、マーケットからの信頼が厚いという判断ができることが多いからです。また、「経営者が自分の株を大量に売ったりしていないか」「外国人投資家が売ったりしていないか」ということも見ます。時価総額、ＰＥＲ、ＰＢＲといった指標も見ます。

ただ、それは誰でも見られる数字です。**もっと感覚的なものを知る上で、経営者のＳＮＳはとても有効**なのです。

Action

テクニカルなものに頼らない。経営者のＳＮＳもチェックする。

Keyword 20

買い時に気をつける

お金に強い人は、下がっているときが買い時と考える
お金に弱い人は、上がっているときが買い時と考える

最も儲かる原則

「どうやったら儲けることができますか？」

そんなシンプルな質問をもらったら、私はこう申し上げることにしています。

「安く買って、高く売ることです」

実は、これはどんな商売でも同じです。安く買って高く売ることができれば、それだけ大きな利益を手にすることができます。お金に強くなれた人は、このことを理解します。安く買えるタイミングで、行動を起こします。

ところが、お金に弱いままの人は違います。人と同じ行動を取ろうとしてしまうのです。だから、株価が上がり始めてみんなが買うときに自分も買う。もっと上がるだろうと思って買う。

みんなも買っているわけですから、安心して買えると思っているのかもしれません。これまで上がってきたからもっと上がるだろうと考えたのかもしれません。

しかし、みんなが買っているときは、株価が上がっているときなのです。そしてこれまで上がってきたということは、下がるリスクも高くなっているのです。なのに、買ってしまうわけです。

典型例は、バブルです。世界のどこでも、過去の歴史においても、何度もバブルは起きていますが、値上がりして過熱しているのに、どんどん人が群がっていってしまう。高値なのに買いに行ってしまう。結果的に、高い価格で買うことになってしまうのです。安く買って高く売ることが、儲けることができる方法なのに、です。

暴落のときは、絶好のバーゲンセール

やっていることが逆なのです。バブルは売りの時期なのです。逆に、チャンスなのは安くなったとき下がったときです。

お金に強い人は、安くなったときに買う
お金に弱い人は、高くなっているときに買う

典型的な買いのチャンスは、何かの理由で市場が暴落したときです。リーマンショックは象徴的な例ですが、最近の例でいえば、イギリスのEU離脱がもたらしたブレグジットショック、トランプ大統領が就任したことで起きたトランプショックなどがあります。

金利の引き上げが、市場に動揺をもたらすこともあります。年に幾度か、こういう

ことは必ず起きてくるのです。

株式市場の暴落は、大きなニュースになります。多くの人はさぞや投資家はショックを受けているだろうと思っているかもしれませんが、お金に強くなれた人は違います。

たしかに持っている株は値を下げたかもしれませんが、先にも触れたように、それは買いのチャンスでもあるのです。言ってみれば、突然やってきたバーゲンセールです。だから一気に買いに向かいます。私もそうです。**暴落は、投資家にとっては絶好の買いの機会**なのです。

実際、業績はまったく変わっていないのに、**市場全体が動揺したというだけで値を下げた株価は、たいていの場合、短い期間で元に戻ります。**

例えば、ブレグジットショックのとき、7000円台だったトヨタ自動車の株価は5000円を切るまでに暴落しました。「こんなチャンスはない」と私は4900円で買いました。「自動車業界は2割上がれば売る」をルールにしているので、6000円をつける前に売ってしまいましたが、後にもっと上がりました。

デンソーも4000円台が3400円まで下がったときに買って、4000円台後半で売りました。今は６０００円をつけています。

手放すルールをつくり厳守する

株価が暴落しているときに買うのは、「もっと下がるかもしれない」という怖さもあるのかもしれません。しかし、個別の企業に問題があったわけでなければ、多くの場合は元に戻ります。

ここで重要なことは、**「焦らない」**ということです。**株価が戻るまでには時間がかかります**。だから、それまで忍耐強く待つ必要があります。ここで、利益を焦ってはいけないのです。しかし、長期の視点を持っていれば、この間に利益を得ることができます。

ところが、トヨタ自動車にしても、株価が安定しているからと６０００円台で買おうとしてしまう人がいます。デンソーを６０００円台で買おうとします。たしかに少しは上がるかもしれませんが、長期投資を心掛けても利益を上げていくのは簡単なことではないでしょう。

だから、**市場全体の暴落というバーゲンセールを大事にする**ことが重要なのです。

もう1つ、大きな値上がりが期待できるといえば、新興企業株です。私は実は、この新興企業株投資を最もよく使っています。**東証一部の安定した銘柄ではなく、マザーズに上場している若い企業を狙う**のです。もしチャンスがあるなら、新規公開株の申込みをします。もちろん、それぞれの銘柄の内容にもよりますが、株価が高騰していくことも少なくありません。2倍、3倍になっていくこともあります。

ただ、値動きも激しいですから、長期の視点で見ること、そして、**自分の中でルールを定めて、「ここまで来たら手放す」としっかり決めておく**ことです。そうすることで、売り逃しを避けることができます。

新興企業株も、欲をかくと大きなリスクにさらされます。

リーマンショックで不動産を買った人たち

安く買って、高く売る。これは、不動産投資も同じです。リーマンショックのとき、株価も暴落しましたが、不動産も暴落しました。このとき、**暴落した不動産を次々に**

買っていった人たちは今、大金持ちになっています。

アメリカにもたくさんいますし、日本にもいます。株式と同じように、不動産も暴落はバーゲンセールです。びっくりするような値段で手に入ります。そして、時間をかけて待つのです。実際、リーマンショックで暴落した不動産も、その後、次々に値を戻していきました。だから、あのときに買った人は大金持ちになっているのです。

また、これから不動産が大きく上がる可能性がある新興国への不動産投資も、「安く買って、高く売る」ができる投資です。インドで1000万円ほどで買った不動産が1億円を超えるまでになっていると先に書きましたが、新興国への不動産投資では、こういうことは十分に起こりえます。

ベトナムやカンボジアをはじめ、これからに大きな可能性を秘めていつつも、まだ不動産価格の安い国は、投資対象として大きな魅力があると思っています。

ただ、気をつけなければいけないのは、**「場所をどこにするか」**ということ。**「魅力的な場所が選べるか」**です。また、**一般の人たちが買える物件に投資する**ことです。

日本人がよくやってしまうのは、お金持ちしか買えないような高級物件に投資してしまうことです。これでは買い手が限られてしまいます。また、それほど大きな値上がりは期待できません。

それよりも、**一般の人たちが住めるような不動産に投資する**のです。マスのマーケットに向けたものは、時間をかけて大きく跳ね上がります。これから勃興する国に投資しておけば、10年後、20年後に大きな資産になって戻ってくる可能性を秘めています。

会社勤めの人ならではの投資術

お金に弱いままの人は、みんなが逃げているときに、自分たちも逃げようとしてしまいます。結果として、無理に売って大きな損失を被ったりするのです。最悪の行動です。

一方、お金に強い人は、ここで買いに向かうのです。そしてここでもまた、生きてくるのが余裕資金です。

私は日本の会社勤めの人、とりわけ大きな会社に勤めている人が、最もわかりやすくお金持ちになる方法は、不動産投資だと思っています。月々の手取り給料はそれほど大きくないかもしれません。しかし、日本は世界トップレベルに金利が低い国なのです。

もし私が大きな会社に勤めているなら、**年収が500万円を超えたら不動産投資を始めます**。不動産購入のためのローンが組めるからです。会社も収入も安定していますから、まったく難しいことではありません。

ただ、いわゆる投資向け物件というのは、私はお勧めしません。そうではなくて、**自分でちゃんと勉強して、普通の不動産を買う**のです。いい物件を手に入れて、自分で住むのです。それをやがて人に貸す。その貸したお金でローンの返済をします。

多くのケースで、ローンは長期で借りていますから、例えば東京などの都市部の不動産なら賃貸収入のほうが大きくなります。この差額が新たな収入になります。毎月、収入が入ってくるのです。

不動産投資のトラブルもありますが、これは業者任せにしているからです。あるいは、家賃保証のような、ありえない約束を信じてしまうからです。

そこは、自分でしっかり勉強をしないといけません。このエリアの人口増加の予測はどうか、空き室割合はどのくらいか、流動性はどうか。そういうデータはちゃんと手に入ります。その努力をするためにも、自分で調べて普通の物件を買ったほうがいいのです。

そして、**毎月の収入を貯めて、海外の新興国に投資**します。東南アジアで今後GDPが大きく伸びる、人口が伸びる、個人所得が伸びる、消費が増える、インフラが良くなるところに小さな不動産を買っておくのです。例えば、500～600万円程度でも買えます。

それが10年ほどで、4倍、5倍になるのが、新興国の不動産投資です。そういう投資も、お金に強くなれば普通にできるようになります。

Action

低い金利でお金を借りて不動産を買う。

Keyword

21 お金を大事に扱う

お金に強い人は、お金を大事に扱う
お金に弱い人は、お金を大事に扱わない

お金を大事にする、財布を大事にする

たくさんのお金持ちや成功者、投資アカデミーにやってきてお金に強くなれた人を見ていて、1つ感じたことがあります。

それは、「お金をとても大切に扱っている」ということです。それが習慣になっているのです。

長財布を使っている人が多いのは、お金をできるだけ折り曲げたりしたくないという気持ちからです。お金を財布に入れるときも、とても丁寧に入れています。間違ってもくしゃくしゃにしたり、二つ折りにしたりはしません。

聞けば、財布を大事にしているという人も多くいました。私自身、財布をパンパンに膨らんだ状態にしたくないという話をしましたが、成功者たちはお財布をとても丁寧に扱います。

それこそ、財布を放り出したり、投げたりしません。鞄に入れるときにも、丁寧に入れます。ぞんざいに扱わないのです。

考えてみれば、お金も財布も、自分の日々の生活を支えてくれている、ある意味、神様のようなものです。

その神様を大事にすることは、とても大切なことだと思います。それこそ、毎日ありがとうと言ってもいいくらいです。

お金に強い人は、財布を大事に扱う
お金に弱い人は、お金を大事に扱わない

インドでも、**「足を置く場所には財布を置くな」**とよく言われます。同じように本も置きません。財布や本が入った鞄も近づけません。自分のお金や知恵を得ているものを、とても大切にします。本を道路に落としたりしたら、本に謝ったりします。

あるお金持ちは、こんなふうに言っていました。

「お金は恋人のように扱わないといけないのだ。そうでなければ、お金を大事にして、恋人のように扱ってくれる人のところに逃げてしまうのだ」と。

お金を大事にする。財布を大事にする。

まずは、こういうところから始める必要があると思うのです。

お金に弱い人ほど、ステップを踏まない

「お金持ちになりたい」という人はたくさんいます。でも、中には大切なことをいろ

いろ飛ばして、お金持ちにだけなりたいという人が少なくありません。

お金持ちになるには、やはりステップがあります。そのプロセスの中で、いろんなことに気づいて、自分を変えていく。そうすることで、お金持ちにふさわしい自分へと変わっていくのです。

なのに、いきなりお金持ちになってしまったらどうなるか。まだ、変われていないことがたくさんあるわけです。まだ、準備ができていないのです。だから、宝くじが当たった人の末路のようなことが起きるのです。

使うべきでないものに使ってしまったり、自分をマネジメントできなくて、身を滅ぼしてしまったり……。

お金持ちになるには、**お金持ちになるにふさわしい準備をしっかりしたほうがいい**ということ。そのためにも、**時間をかけて、ステップを踏んでいく**ことが大切なのです。

お金に強い人は、じっくりステップを踏んでお金持ちになろうとする
お金に弱い人は、急いでお金持ちになろうとする

いきなり億万長者にはやはりなれないのです。少しずつ少しずつ、経験も、知識も、資産も増やしていけばいいのです。

最初は小さな金額を積み立てるところからでいいでしょう。そこから、**株式投資を小さくスタート**させる。**保険も賢く見直し**てみる。ほとんどの人が定期付き終身保険に入っていると思いますが、大きな保障は60歳で終わってしまうということを知らなかったりします。いったい、何が保障されるのか、しっかり調べておいたほうがいいでしょう。

また、**安い金利を活用して不動産投資にも挑んでみる**。**海外不動産にも挑んでみる**。少しずつ資産が増えていき、やがて1億円ほどの資産ができる。そうなると、エンジェル投資家として、若い起業家の応援をしようと考える……。そんなふうにして、少しずつステップアップをしていけばいいのです。

いきなり100万円をポンと投資するのは勇気がいります。数千円でも、1万円でも、2万円でもいいのです。実際、そこから始めて億単位の資産をつくっていった人がたくさんいます。

大事なことは、きちんとステップを踏んでいくこと。時間をかけて、ゆっくりと、学びを継続して、お金持ちへの道を歩んでいければいいと思います。

お金は、汚い家には近寄りたくない

お金持ちになるにはもう1つ、運が求められると思っています。そのためにも、運を味方につけたほうがいい。**運を味方につける**ような行動を心掛けたほうがいい。

まずは、家をきれいにします。例えば家の玄関が汚い。そんな家に、お金は通って行きたいでしょうか。これは会社でもそうですが、入り口は神様がいつでも入ってこられるような道にしておかないといけないと私は思っています。そこが汚れているのでは、神様は入るのをためらいます。

玄関をきれいにする。家をきれいにする。トイレをきれいにする……。こんなことがお金と関係があるのかと思われるかもしれませんが、私はあると思っています。

お金持ちの家は、果たしてどうなっているでしょうか。汚くて散らかっている家でしょうか。おそらく違うでしょう。こういうことも準備なのです。

また、**清潔にしている、身なりをちゃんとしていない人といる人とでは、お金はど**

ちらに近寄りたいと思うでしょうか。

お金に強い人は、玄関をきれいにしている
お金に弱い人は、玄関が汚い

運といえば、私が大事にしていることがあります。

それは、**「お金持ちになった人、成功した人の運をもらう」**ということです。

そのためにできることが、彼らの行動や思考をまねして実践してみることです。彼らの本をたくさん読みます。成功者が習慣にしている行動や思考法をしっかり理解して大事にします。

その1つに、**「感謝する」**があります。お世話になった人に感謝する。親に感謝する。ご先祖様に感謝する。感謝するということは、大切に思い、大事にするということです。

お金に強い人の神様に対する考え方

神様にも感謝します。だから、お金持ちや成功者の多くが神社にお参りします。神社といえば、初詣くらいしか行かないという人がほとんどだと思いますが、お金持ちや**成功者は頻繁に神社を訪れています**。

実は私も新年のお参りはもちろん、3カ月に一度は訪れるようにしています。新年のお参りは伊勢神宮に、3カ月に一度のお参りは愛宕神社に。

神社へのお参りというと、「お願いごとに行く」と考えている人が少なくありませんが、実はお金に強くなれた人はそうは考えません。

「お礼に行く」のです。毎日の平穏を、子どもの成長を、ビジネスの成功を。

お金に強い人は、日常的に神社にお礼に行く
お金に弱い人は、初詣だけ神社にお願いに行く

神社は、とても気のいい場所です。神社でお礼参りをすると、とても清々しい気持ちになれます。また、謙虚な姿勢になれます。「正しいことをしよう」という気になります。「いい加減なことはしてはいけない」という気持ちになります。

もしかすると、そんな気持ちになれることもまた、お金持ちや成功者を神社に呼び寄せている理由なのかもしれません。実際、たくさんのお金持ちや成功者に、よく神社でお目にかかります。

神社に行くことが習慣になる。いつも感謝の気持ちを持っている。誰かに感謝したくなる。それもまた、お金持ちになる1つのステップなのです。

Action

日常的に神様に感謝する。

おわりに

私は神社に行くと、いつも自分以外のことについてもお祈りします。

それは、「日本について」です。

日本の国のみなさんが、健康で豊かで幸せでありますようにと。私は日本に住んでいますから、日本のみなさんが幸せになることは、そのまま私の幸せにつながるのです。

一時期は、新年の一般参賀に皇居へも行っていました。天皇は日本の象徴です。そんな方が、皇居という日本の一番のパワースポットで祝福してくださるのが、一般参賀です。これが、運気が上がらないわけがない。実際、とてもいいことがたくさんありました。

私は日本で暮らせることをとても幸せに感じています。そして、日本に感謝しています。日本の人でありたいと思っています。いつも鏡を見るまでは、自分が外国人だということを忘れているくらいです（笑）。海外に行くと、日本に戻ってくるのがとても待ち遠しいのです。

日本行きの飛行機に乗り込むとホッとするし、うどんを思い出すし、日本のカレーが食べたくなります。

外国人が日本の悪口を言っているときには、「それはよしたほうがいいよ」と諭します。なぜなら、日本に暮らしているから、日本にはいいところがたくさんあるから、日本にお世話になっているからです。

友人の中には、「税金が安いから」という理由でシンガポールに移住してしまった人も少なくありません。私も誘われました。「どうして来ないのか」とも言われました。「税金のメリットは絶対にあるのに、なぜだ」と。

でも、私は日本が好きなのです。妻も日本人だし、妻の実家も日本にあります。子どもも日本で育てたい。税金はたしかにかかるかもしれませんが、税金を払えるくらい、もっと稼げばいいだけだと思っています。それぐらい日本が好きになってしまったのです。


それだけに、私が1つ残念に思うのは、日本人でありながら日本という国を信用していない人が多いことです。

日本人が日本のありがたみをわかっていないように感じるのです。政治の悪口が出てきたり、経済の悪口が出てきたり……。

しかし、世界の他の国のことを考えると、日本の政治は本当にちゃんとしています。経済だって、ものすごくしっかりしています。

日本は、インフラから何から、とにかくきれいにできています。それもまた、うれしいことです。こんなにきれいな国はそうそうありません。

しかも、親切で感じのいい人が多くいます。世界には、チップをもらわないと嫌な顔をする人もいます。無償で、心地よいサービスをしてくれるのは、実はなかなかないことなのです。

ところが、日本人ほど、日本の悪口を言っています。

だからこそ大事なことは、世界をもっと知ることだと思います。そうすることで、日本への感謝が生まれてきます。日本がいかにすばらしくて、快適な国かがわかります。

「感謝をしたほうがいい」と本書で書きましたが、もしかすると、最初にすべきは、生まれたこの国への感謝なのかもしれません。それは、外国人だから余計に思うことです。

日本を好きになり、日本に感謝する。これが、お金持ちへの道にもきっとつながっていくと思います。

最後になりましたが、本書の制作にあたっては、フォレスト出版のみなさんにお世話になりました。また構成にあたっては、ブックライターの上阪徹さんにお世話になりました。この場を借りて、感謝申し上げます。

そして何より、本書の企画のインスピレーションを与えてくださり、インタビューにも快く応じてくださった、ジム・ロジャーズさんに感謝の気持ちをお伝えしたいと思います。

そして、最後まで本書を読んでくださったあなたに深く感謝申し上げます。

たくさんの人が、お金に強くなれますことを願って。

２０１８年６月
サチン・チョードリー

【著者プロフィール】

サチン・チョードリー

1973年、ニューデリー生まれ。法人／個人向けの経営コンサルティング、講演・セミナー事業を行なうAVS株式会社代表取締役会長。鳥取県の地域活性化をミッションとする株式会社ITTR代表取締役社長など、複数の会社を経営。上場企業を含む複数の企業コンサルタント、アドバイザーとして経営に参画。

幼少時に父親に連れられて初来日、バブル期の東京で過ごす。帰国後も当時のきらびやかな印象が忘れられず、1996年に再来日。言葉の壁や差別など不遇の日々を送るが、印僑大富豪から「ジュガール」の教えを受けたことが大きな転機に。今では母国インドはもちろん、日本、アジアでも数多くの事業を成功に導く実業家。パナソニックやアクセンチュア、日産、NEC、富士通、横河電機、三井住友銀行コンサルティング、神戸製鋼、JTB、東芝、日立など大企業での異文化経営・異文化戦略を指導する国際コンサルタントとして活躍。

2012年からはセミナーや講演会にも出演。セミナーでは2000名以上が殺到するという人気講師となっている。2016年12月には世界三大投資家であるジム・ロジャーズ氏とともにビッグイベント「MASTER OF WEALTH（マスターオブウェルス）セミナー」を成功させた。

著書『大富豪インド人のビリオネア思考』（フォレスト出版）は、インドに伝わる成功法則「ジュガール」を初めて日本に伝え、ロングセラーに。著書には『世界のお金持ちがこっそり明かすお金が増える24の秘密』『会話はインド人に学べ！』『口ベタでも上手くいく人は、コレをやっている』『頭で考える前に「やってみた」人が、うまくいく』（以上、フォレスト出版）『インド人大富豪 成功の錬金術』（サンマーク出版）、共著には『WORLD-CLASS LEADERSHIP』（World Scientific Publishing）、『新興国投資 丸わかりガイド』（日本実業出版社）、監訳本として『君なら勝者になれる』（フォレスト出版）など多数の書籍を出版している。テレビ東京「カンブリア宮殿」、日本テレビ「NEWS ZERO」「news every」、フジテレビ「なかよしテレビ」など、テレビ出演も多数。

これからの時代の
お金に強い人、弱い人

2018年7月18日　初版発行

著　者　サチン・チョードリー
発行者　太田　宏
発行所　フォレスト出版株式会社
〒162-0824 東京都新宿区揚場町2-18　白宝ビル5F
電話　03-5229-5750（営業）
03-5229-5757（編集）
URL　http://www.forestpub.co.jp

印刷・製本　中央精版印刷株式会社

ISBN978-4-89451-988-6　Printed in Japan